FRIGHTENING LIGHT
BY NICK ARNOLD

Text Copyright © Nick Arnold, 1999
Illustrations Copyright © Tony De Saulles, 1999
Translation copyright © Gimm-Young Publishers, Inc., 2001
All rights reserved.

This Korean language edition is published by arrangement with
Scholastic Ltd., London through Eric Yang Agency, Seoul.

앗, 이렇게 재미있는 과학이!

번들번들 빛나리

닉 아놀드 글 | 토니 드 솔스 그림 | 이충호 옮김

주니어김영사

번들번들 빛나리

1판 1쇄 인쇄 | 2001. 5. 25.
개정 1판 1쇄 발행 | 2019. 12. 5.
개정 1판 3쇄 발행 | 2023. 2. 27.

닉 아놀드 글 | 토니 드 솔스 그림 | 이충호 옮김

발행처 김영사 | 발행인 고세규
등록번호 제 406-2003-036호 | 등록일자 1979. 5. 17.
주소 경기도 파주시 문발로 197(우10881)
전화 마케팅부 031-955-3100 | 편집부 031-955-3113~20 | 팩스 031-955-3111

값은 표지에 있습니다.
ISBN 978-89-349-9874-7 74080
ISBN 978-89-349-9797-9 (세트)

좋은 독자가 좋은 책을 만듭니다. 김영사는 독자 여러분의 의견에 항상 귀 기울이고 있습니다.
전자우편 book@gimmyoung.com | 홈페이지 www.gimmyoungjr.com

이 책의 한국어판 저작권은 EYA(Eric Yang Agency)를 통한 Scholastic Limited사와의 독점
계약으로 ㈜김영사에 있습니다.
저작권법에 의해 한국 내에서 보호를 받는 저작물이므로 무단전재와 무단복제를 금합니다.

이 도서의 국립중앙도서관 출판시도서목록(CIP)은 서지정보유통지원시스템
홈페이지(http://seoji.nl.go.kr)와 국가자료공동목록시스템(http://www.nl.go.kr/kolisnet)에서
이용하실 수 있습니다. (CIP제어번호 : CIP2019032130)

어린이제품 안전특별법에 의한 표시사항

제품명 도서 제조년월일 2023년 2월 27일 제조사명 김영사 주소 10881 경기도 파주시 문발로 197
전화번호 031-955-3100 제조국명 대한민국 ⚠주의 책 모서리에 찍히거나 책장에 베이지 않게 조심하세요.

차례

책머리에	7
빛이 만들어 낸 유령	10
천재 과학자들의 기발한 노력	24
눈알이 뒤룩뒤룩	44
햇빛이 이글이글	58
오싹오싹 괴기스런 빛	75
무시무시한 반사	92
빛을 구부러뜨리는 것들	109
휘황찬란한 색깔의 비밀	125
뜨끈뜨끈한 레이저	144
더 밝은 미래?	156

닉 아놀드(Nick Arnold)

닉 아놀드는 어린 시절부터 책을 써 왔지만, 『번들번들 빛나리』를 쓰면서 유명해지리라곤 꿈도 꾸지 못했다. 그는 이 책을 쓰기 위해 어둠 속에서 걸려 넘어지기도 하고, 망원경을 거꾸로 보거나 여러 가지 안경을 써 보기까지 했다. 그는 즐거운 마음으로 이 모든 일을 기꺼이 했다.

≪앗, 이렇게 재미있는 과학이!≫ 시리즈에 몰두하지 않을 때면, 그는 남는 시간을 대학에서 강의를 하면서 보낸다. 그의 취미 생활은 피자먹기, 자전거타기, 재미없고 촌스러운 농담 지어 내기 등이다.

토니 드 솔스(Tony De Saulles)

기저귀를 차고 다닐 때부터 크레용을 가지고 놀았던 토니 드 솔스는 ≪앗, 이렇게 재미있는 과학이!≫ 시리즈에 흠뻑 빠져들어, 일식이 일어나는 광경을 그리기 위해서 그 현장에 몸소 나서기까지 했다. 불행하게도, 일식이 일어나는 순간, 그는 너무 깜깜해 눈에 뵈는 게 없어 크레용을 찾지 못했다.

솔스는 그림 도구를 가지고 밖으로 나가지 않을 때면 시를 쓰거나 스쿼시를 즐긴다. 그러나 아직까지 스쿼시에 대한 시는 한 편도 쓰지 않았다.

책 머리에

과학이라면 쳐다보기도 싫다고? 항상 여러분을 헷갈리게 만드니까 그렇겠지. 빛에 관한 과학만 해도 그렇다. 빛이라면 매일 햇빛과 전깃불에서 보는 게 아닌가? 따라서, 빛에 관한 과학이라면 어려울 게 하나도 없을 것 같다.

그러나 그것은 틀린 생각이다! 빛에 관한 과학은 아주 어렵고 복잡하다. 호두 껍데기보다 단단하고, 뒤엉킨 냉면 가락보다도 훨씬 복잡한 것이 바로 빛의 과학이다!

무슨 말인지 알겠지? 빛은 엄청 헷갈리는 대상이라는 것! 과학자에게 설명해 달라고 묻는다면, 오히려 혹을 하나 더 붙이게 된다. 도대체 알아들을 수 없는 답을 듣게 될 테니까.

정말 끔찍하지? 그러니 '과학'이라는 소리만 들어도 몸에 소름이 돋는 거야!

그렇지만 여기 반가운 소식이 있다. 이 책을 들고 조용한 곳으로 가 읽기만 하면 된다. 이 책은 빛에 관한 모든 사실들을 쉽게 설명하고 있으니까. 눈, 레이저 수술, 빛이 만들어 낸 유령 등 재미있는 사실들뿐만 아니라, 무시무시한 뒷이야기도 들어 있다. 이 책을 읽고 나면 학교에 가는 것이 즐거워질 것이다. 특히, 까다로운 질문으로 선생님을 당황하게 만들면 얼마나 통쾌한가!

이 책만 읽고 나면, 여러분은 빛에 관해서는 부모님과 선생님도 가르칠 수 있게 될 것이다. 혹시 또 알아? 과학계의 스타가 되어 세상의 조명을 한 몸에 받게 될지! 남은 문제는 오직 한 가지뿐이다.

 그것은 바로 여러분이 이 책을 끝까지 읽을 수 있을 정도로 머리가 좋은가 하는 것!

빛이 만들어 낸 유령

해가 브로켄 산맥 너머로 지고 있었다. 하늘은 점점 어두워지고 있었고, 구불구불한 좁은 오솔길도 어렴풋해졌다. 산을 오르던 젊은이는 무서운 생각이 들기 시작했다.

"이제 시간이 됐군! 곧 나타나겠어." 젊은이는 불안한 표정으로 호주머니 속에서 시계를 꺼내 보았다.

"마음을 단단히 먹어야지." 그는 스스로에게 다짐했다. "난 과학자야. 유령 같은 건 있을 리가 없어. 뭔가 합리적인 이유가 있을 거야."

그렇지만 어둠 속에서 산을 어떻게 내려가나 생각하니, 몸이 부들부들 떨리고, 입술까지 바싹바싹 탔다. 등에는 식은땀이 흘러내렸다.

그 순간 갑자기 심장이 쿵쿵 울리고, 머리카락이 삐죽 곤두섰다. 뒤를 돌아보지 않고도 누군가가 뒤에 있다는 것을 느낄 수 있었기 때문이다. 그는 고개를 돌려 보려고 했지만, 뻣뻣하게 굳은 목이 말을 듣지 않았다. 그는 겨우겨우 몸을 뒤로 돌렸다. 그는 무시무시한 광경에 그만 입이 떡 벌어졌다. 희미한 구름에 거대한 괴물 그림자가 나타나 있었던 것이다! 그 그림자의 윤곽 주위로 석양의 희미한 빛이 비쳐서 그것은 마치 유령처럼 보였다.

그 유령은 젊은 과학자를 노려보고 있는 것 같았다. 금방이라도 덮칠 것만 같이. 잠깐 동안 젊은 과학자는 최면에 걸린 듯 꼼짝도 못 했다. 그러다가 마침내 정신을 차린 그는 떨리는 손으로 공책을 꺼내 연필에 침을 발라 가며 뭔가를 끄적거렸다. 그러면서 그는 쉬지 않고 중얼거렸다.

"흥미로운 현상이야." 그는 그 말을 계속 되풀이했다. "아주 흥미로운 현상이야. 음…그렇지만 이제 산을 내려가는 게 좋겠어."

과학자가 등을 돌려 오솔길을 내려가는 동안 뒤에 있던 그 거대한 그림자는 살아 움직이는 것 같았다. 과학자가 걸음을 뗄 때마다 그 그림자는 말없이 천천히 위로 솟아올랐다. 그리고 소리도 없이 뒤를 따라 오고 있었다. 점점 더 빨리….

그리고는 마침내 시커먼 팔을 쭉 뻗었다….

비명 지를 것 없다! 그 젊은 과학자가 발견한 유령 같은 형체는 바로 자신의 그림자였다. 이 현상은 독일 브로켄 산맥에서 종종 나타나기 때문에 브로켄 유령이라 부른다. 석양 무렵에 산을 오르면(결코 안전한 일이 아니므로, 여러분 혼자서는 이런 일을 절대 해서는 안 된다), 석양이 여러분의 그림자를 위쪽에 있는 구름에 비추게 된다. 그래서 구름에 비친 여러분의 그림자가 거대한 유령처럼 보이는 것이다. 그렇지만 이것은 빛이 일으키는 놀라운 현상 중 하나에 불과하다.

더 놀라운 사실들을 알고 싶으면, 계속 읽어 보라….

진상 조사 X-파일: 빛

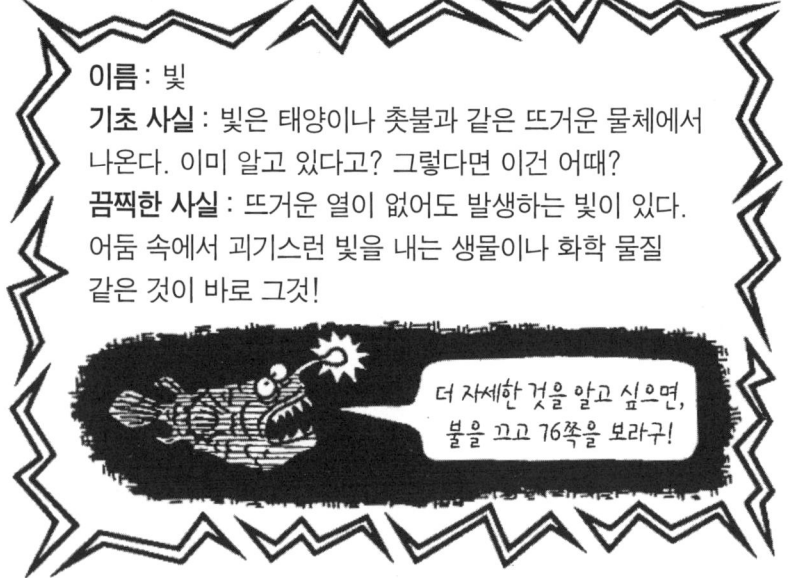

빛이 사라진다면 …

정말로 불을 꺼 버렸다고? 그랬다면 불을 다시 켜고 이것을 읽어 보라.

빛을 나타나게 하거나 사라지게 하는 건 쉽다. 그렇지? 매일 아침마다 하늘에는 저절로 빛이 나타난다. 여러분은 그 빛을 켜기 위해 잠자리에서 일어날 필요도 없다. 그래서 사람들은 빛을 당연한 것으로 여기는지도 모른다.

그렇지만 내일 아침에 해가 뜨지 않는다고 상상해 보자. 또, 전세계의 모든 전구가 동시에 불이 나간다고 상상해 보자.

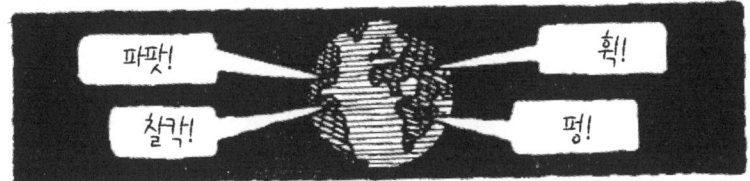

또, 하늘의 별빛들도 모두 사라진다고 상상해 보자. 세상은 칠흑 같은 어둠에 잠기고, 몹시 무섭고 위험한 곳으로 변할 것이다. 빛이 없어 앞이 보이지 않으면, 사람들은 걷다가 서로 부딪치고, 고양이를 밟고, 값비싼 골동품을 깨뜨리고, 바나나 껍질 위에 넘어지는 등 세상은 아수라장으로 변할 것이다.

이것뿐만이 아니다. 그 밖에 또 어떤 곳들에 빛이 꼭 필요한지 여러분은 짐작할 수 있겠는가?

빛에 관한 공포 퀴즈 특급

햇빛이 없다면 이것을 볼 수 없다.
1. 무지개. 참/거짓
2. 달. 참/거짓

만약 완전히 어두컴컴하다면…….
3. 여러분의 얼굴도 거울에 비치지 않을 것이다. 참/거짓

4. 휴일에 사진도 찍을 수 없게 된다. 참/거짓
5. 무서운 방울뱀은 여러분이 어디 숨어 있는지 찾지 못할 것이다. 참/거짓

이것은 빛과 관련된 현상이다. 그러면 빛이 하는 일을 세세히 살펴보자. 빛이 없으면 볼 수 있을까? 아니다. 우리가 사물을 볼 수 있는 것은 빛이 그 사물에 부딪쳐 눈으로 들어오기 때문이다. 빛은 중요한 역할을 한다고 말할 수 있다.

홀짝맞추기 답

답 :

1. 참. 무지개는 햇빛이 빗방울에 부딪쳐 나타나는 것이다. 빗방울은 햇빛을 여러 가지 색깔로 나누어지게 만든다(더 자세한 것은 30~34쪽 참고). 밤에도 달빛에 의해 무지개가 생길 수 있지만, 그 색깔이 너무 희미해서 우리 눈에는 보이지 않는다.

2. 참. 달은 스스로 빛을 내지 않는다. 그렇다면 그 은은한 달빛은 도대체 뭐냐고? 그것은 햇빛이 달 표면에 반사된 것이다. 달 표면은 바위와 흙 먼지로 이루어져 있는데, 만약 달 표면이 얼음으로 이루어져 있다면, 달은 태양처럼 밝게 빛날 것이다.

3. 참. 거울에 우리 모습이 비치는 것은 거울이 빛을 반사하기 때문이다. 궁금하면 밤에 욕실의 불을 끄고서 거울 속을 들여다보라고! 빛이 없으면 거울도 여러분의 얼굴을 반사할 수 없다. 그런데 전설에 따르면, 여러분이 뱀파이어(흡혈귀)라고 해도 거울에 모습이 나타나지 않는다고 한다.

4. 참. 여러분이 캄캄한 동굴 속으로 탐험을 떠나면서 그만 손전등을 집에다 두고 왔다고 하자(저런!). 그러면 동굴 속에서 사진을 찍을 수 없다(사진기에 플래시가 달려 있지 않은 한은). 사진은 빛이 필름에 닿아야만 찍히기 때문이다.

5. 거짓. 방울뱀은 머리 양 옆쪽에 온도를 감지하는 구멍이 하나씩 나 있다. 따라서, 방울뱀은 여러분의 몸에서 나는 열을 감지할 수 있다. 정말 무시무시한 놈이지? 그래서 방울뱀을 피하려고 캄캄한 벽장 속에 몸을 숨기는 것은 좋은 생각이 아니다.

자. 그 현미경은 현재 세상에서 가장 좋은 현미경보다도 수십억 배나 더 강력한 것이어야 한다. 그러면 다음과 같은 것들이 보일 것이다.

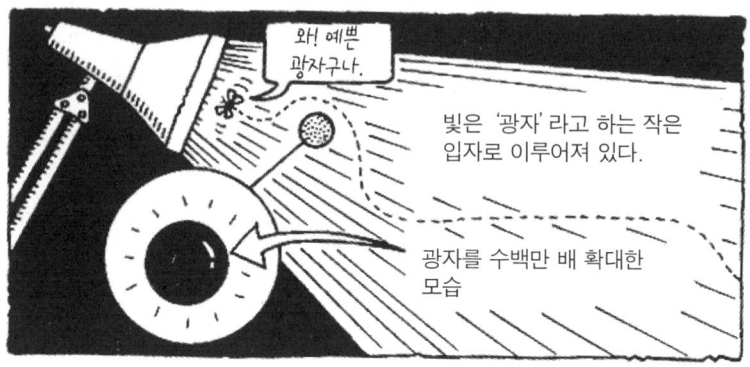

광자(光子)는 결코 가만히 멈춰 있는 법이 없다. 광자들은 초당 수십억 번 이상 흔들거리면서 광파, 즉 빛의 파동을 만든다. 광파 수백 개 정도면 이 문장의 마침표만한 폭의 빛을 만들 수 있다.

괴상하게 들리지? 음, 그렇다면 해변으로 밀려오는 파도가 단 한 방울의 물이라고 상상해 보라. 그것이 아주 빠른 속도로 흔들거려서 동시에 모든 장소에 있는 것처럼 보이는 것이라고 말이다.

독자를 위한 충고 :

여기서 우리는 과학자에게 광자에 대해 지루한 설명을 부탁드리려고 한다. 그러면 여러분은 그것을 읽으려고 하지 않겠지? 그래서 그것을 재미있는 만화로 보여 주려고 한다. 그래도 과학자는 할 말을 다 해야겠다고 고집을 부리는군.

> **과학자의 말**
> 끼어들어서 미안! 여러분이 만화에 빠지기 전에 다음 사실들을 알아 두길 바란다. 원자는 물질을 이루고 있는 아주 작은 입자이다. 그것은 너무나도 작아서 100만 개를 일렬로 죽 늘어놓아도 종이 한 장 두께밖에 되지 않는다. 우주에 존재하는 모든 화학 물질은 서로 다른 종류의 원자들이나 그 혼합물로 이루어져 있다. 자, 충분히 이해가 됐지?

흥미진진한 모험담
슈퍼광자의 모험

새인가, 비행기인가?
아니다! 이것은 슈퍼광자다!

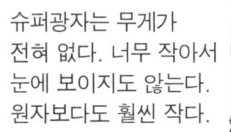

슈퍼광자는 무게가 전혀 없다. 너무 작아서 눈에 보이지도 않는다. 원자보다도 훨씬 작다.

지금까지의 이야기…
안녕

슈퍼광자는 태양 속 깊은 곳에서 태어났다. 슈퍼광자는 아주 뜨거운 원자에서 만들어진 다음 튀어나왔다.

그렇지만 슈퍼광자는 태양의 전기력과 자기력으로부터 끌어 낸 초인적인 에너지를 가지고 있다. 슈퍼광자는 초당 600조 번이나 흔들거리면서 광파를 만든다. 그러고도 결코 숨을 헐떡이는 법이 없다.

다음 쪽에 계속

★ 요건 몰랐을걸!

1. 사실, 슈퍼광자가 아주 특별한 광자는 아니다. 태양에서는 매초마다 수조 개 이상의 광자가 만들어지고 있으며, 슈퍼광자가 대단한 힘을 가진 것은 아니다.
2. 매일 수조 개가 넘는 이 작은 에너지 덩어리가 1억 5000만 km의 우주 공간을 날아와 여러분의 몸에 부딪친다. 그렇지만 광자는 무게가 하나도 나가지 않기 때문에 여러분의 머리를 때리더라도 여러분은 아무런 충격을 느끼지 못한다.
3. 광자가 어떤 물체에 부딪치고 나면, 광자에 어떤 일이 일어나는지 궁금할 것이다. 광자는 에너지 덩어리에 불과하다는 사실을 기억하라. 광자가 원자에 부딪치면 그 에너지는 원자에 흡수된다. 그러면 광자는? 사라지는 거지 뭐. 그렇지만 광자는 그냥 날아다니기만 하는 것은 아니다….

직접 해 보는 실험: 빛은 어떤 일을 할 수 있을까?

맨 먼저 해야 할 일:

조그마한 손전등 끝부분을 은박지로 싼다.

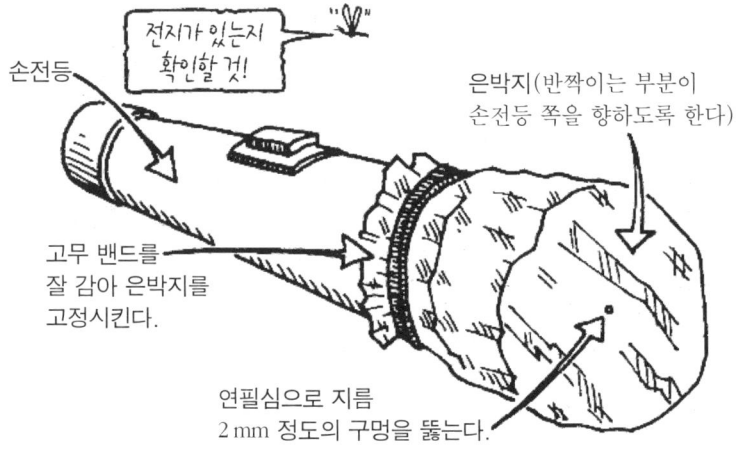

준비물 :

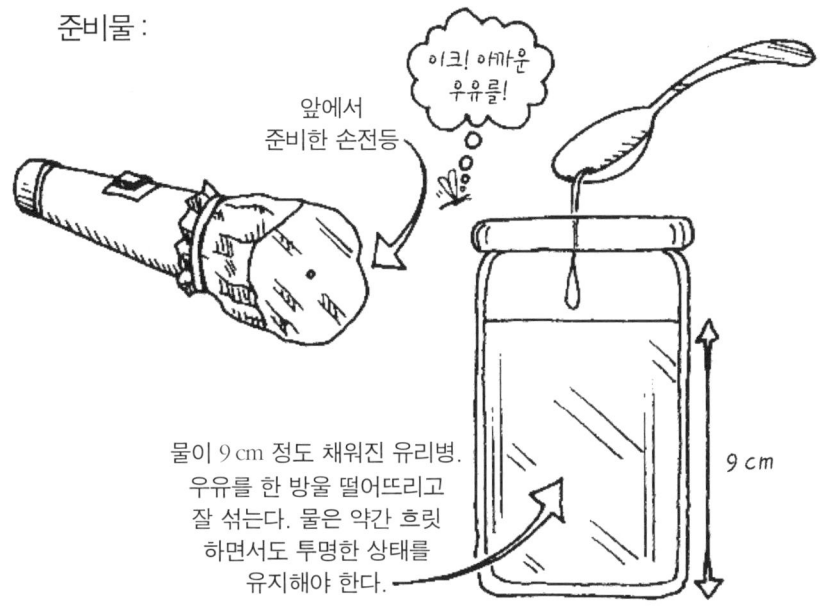

앞에서 준비한 손전등

이크! 아까운 우유를!

물이 9 cm 정도 채워진 유리병. 우유를 한 방울 떨어뜨리고 잘 섞는다. 물은 약간 흐릿하면서도 투명한 상태를 유지해야 한다.

9 cm

실험 1

1. 유리병을 어두운 물체 앞에다 놓는다. 어두운 색의 책이나 벽지 앞에다 두면 충분하다.

2. 손전등을 유리병 옆쪽에 놓고 불을 켠다. 그러면 빛이 지나가는 길을 볼 수 있을 것이다.

3. 이번에는 손전등을 위쪽으로 이동시켜 빛이 병의 밑바닥에 닿도록 비추어 보라.

어떤 현상을 관찰할 수 있는가?

a) 고물 TV처럼 빛이 깜박거린다.
b) 빛이 양 옆쪽으로 춤춘다.
c) 빛이 어떤 각도를 이루며 반사돼 나간다.

실험 2

이번에는 손전등을 유리병에서 5 cm 정도 떨어진 곳에 둔다. 그리고 손전등을 위아래로 기울이면서 각도를 달리하며 빛을 비춰 본다.

어떤 현상을 관찰할 수 있는가?

a) 어떤 각도에서는 빛이 유리병의 옆면을 지나갈 때 갑자기 한쪽으로 꺾인다.

b) 빛을 이리저리 옮김에 따라 물이 뜨거워지며 보글거린다.

c) 손전등을 어느 쪽으로 움직이든 간에 상관 없이 빛은 항상 일직선으로 나아간다.

답:

1. c) 빛은 수면 아래쪽에서 타진다. 물 표면을 아주 평행하게 때리면 잔자들이 옆쪽으로 탄사될 수도 있다.

2. a) 빛은 언제나 직선 방향으로 나아가는 것은 아니다. 빛이 다른 속도를 가진 매질을 만날 때에는 굽어 진다. 물 속의 빛 속도는 초속 224,900 km로 감소한다. 물이 정지해 있을 때 물 속으로 들어가는 빛살은 휘어진다. 물이 흐르고 있으면 이것은 더 심하게 휘어진다. 물이 아주 이리저리 움직이는 경우, 빛은 탄쟁대로 꺾이지 못하고 우는 급그는 현상을 보이게 된다. 그 결과, 별이 반짝거린다.

알쏭달쏭한 표현

한 천문학자가 동료 천문학자에게 이렇게 이야기한다.

굴절이라니? 도대체 무엇을 말하는 걸까?

> 답 :
> 굴절이란, 꺾이거나 비틀림이 생기는 것을 말한다. 빛이 공기에서 유리로 들어갈 때 진행 방향이 꺾이는 것을 빛의 굴절이라 한다.
> 용어이다.

이제 여러분은 다음과 같은 사실을 알게 되었다.

1. 빛에는 우리 눈에 보이는 것 외에도 놀라운 비밀이 많이 숨어 있다.

2. 빛은 아주 놀랍고 신기한 존재이다.

그렇지만 여러분은 새로운 궁금증이 생길지도 모르겠다. 만약 광자가 그렇게 작고 또 빠르다면, 과학자들은 어떻게 광자에 대해 그렇게 많은 것을 알아 낼 수 있었을까? 잠자리채 같은 걸로 광자를 붙잡아 연구할 수도 없었을 텐데 말이다. 그것은 몇몇 뛰어난 과학자들의 피땀어린 노력과 연구를 통해 이루어졌다.

이 페이지를 넘기면 그들이 어떻게 했는지 알 수 있지롱.

 천재 과학자들의 기발한 노력

빛에 관해 우리가 알고 있는 지식 중 많은 것은 두 천재 과학자의 연구에서 나왔다. 그 두 사람은 바로 아이작 뉴턴(Isaac Newton ; 1642~1727)과 알베르트 아인슈타인(Albert Einstein ; 1879~1955)이다. 그렇지만 그 밖에도 많은 과학자들의 연구와 노력이 있었다. 그러면 빛을 연구하는 과학자들에는 어떤 사람들이 있는지 한번 살펴보자.

1. 물리학자

관심 분야 : 세상을 움직이는 물리적 힘. 그러니까 열이나 전기와 같은 것 말이다. 이 책에 주로 등장하는 물리학자들은 물리학 중에서도 특히 광학(光學)을 전공으로 한 사람들이다. 광학이 무엇이냐고? 말 그대로 빛에 대해 연구하는 과학이지.

하는 일 : 실험을 하고, 빛의 속도나 그 밖의 흥미로운 문제에 대해 계산을 한다.

일하는 곳 : 대학 실험실

참고 사항 : 물리학자들은 옷이나 외모에 신경을 쓰지 않아 다소 지저분해 보일 수도 있다. 물리학 실험을 생각하느라 너무 바빠서 자신들의 모습에는 신경을 쓰지 않기 때문이다.

2. 천문학자

관심 분야: 별과 행성, 그리고 우주에서 발견되는 그 밖의 것들. 우리가 천체들을 볼 수 있는 것은 천체들이 스스로 빛을 내거나 빛을 반사하기 때문이다. 그러니 천문학자들이 빛에 큰 관심을 가질 수밖에 없지.

하는 일: 망원경으로 밤 하늘을 샅샅이 훑는다.

일하는 곳: 천문대

참고 사항: 천문학자들은 만나기가 어렵다. 그들은 수줍음을 많이 타는 야행성 동물이라서, 어두워진 뒤에야 밤 하늘을 연구하기 위해 어슬렁어슬렁 나타난다.

밤중에 천문대로 출근하러 나선 천문학자의 모습을 찍은 희귀한 사진

3. 안과 의사

관심 분야: 눈알, 눈병, 그리고 눈의 작용 원리

하는 일: 안과 의사는 눈에 문제가 있는 환자들을 치료하기 위해 훈련받은 사람이다. 어떤 의사들은 눈 수술을 하기도 한다.

일하는 곳: 병원의 안과

참고 사항: 안과 의사도 만나기가 참 어렵다. 그들은 무척 바쁘다. 알다시피, 시력에 문제가 있는 사람이 너무 많기 때문이다.

우주에서 가장 빠른 것

과학자들은 수백 년 동안 빛의 속도를 측정하려고 노력해 왔다. 빛의 속도를 알면 행성의 거리를 측정하는 데 큰 도움을 얻을 뿐만 아니라, 정확한 천문 관측을 할 수 있기 때문이다. 그러나 큰 문제가 하나 있었으니, 빛의 속도가 어마어마하게 빠르다는 것! 광자는 초속 2억 9979만 2458m로 달린다. 우주에서 빛보다 더 빨리 달리는 것은 아무것도 알려진 것이 없다. 토요일 오후에 수업이 끝나자마자 교실을 박차고 나가는 어린이들도 빛의 속도는 따라가지 못한다.

그렇다면 빛의 빠르기를 시계로 측정한다는 건 불가능해 보인다. 그러니까 그것을 측정하려면 엄청나게 빠른 반사 작용과 정밀한 시계가 필요하다. 그런데 이 불가능한 일을 과학자들은 어떻게 해냈을까? 첫 테이프를 끊은 사람은 이탈리아의 갈릴레오 갈릴레이(Galileo Galilei ; 1564~1642)였다.

갈릴레이의 시도

어느 날 밤, 갈릴레이는 친구와 함께 산을 올라갔다. 두 사람은 덮개가 달린 등불을 들고 갔다.

갈릴레이는 한쪽 산으로 올라가고, 친구는 3 km쯤 떨어진 다른 산으로 올라갔다. 그것은 아주 춥고, 외롭고, 위험한 여행이었다. 발을 헛디뎌 낭떠러지로 떨어지기라도 하는 날에는 구조대가 금방 달려올 처지도 못 되었다.

산꼭대기에 도착한 갈릴레이는 등불의 덮개를 열고, 수를 세기 시작했다. 건너편 산꼭대기에 있는 친구도 그 불빛을 보자마자 등불의 덮개를 열었다.

건너편 산꼭대기에서 친구의 불빛이 보이자, 갈릴레이는 비로소 안심하면서 수를 세는 것을 멈추었다.

나도 과학자가 될 수 있을까?

그러나 갈릴레이가 측정한 이 값은 틀린 것이었다. 갈릴레이는 서로 더 멀리 떨어져 있는 두 산에서 실험을 하고 나서 그것이 틀렸다는 것을 곧 깨달았다. 빛의 속도가 먼저와 똑같이 나왔기 때문이다. 왜 그런 결과가 나왔을까?

> 답 : 빛의 속도는 엄청나게 빠르다. 두 산 사이의 거리가 몇 km 떨어진 것으로 빛이 다른 산에 도달하는 데 걸리는 시간이 사람의 측정 감각으로는 너무나도 짧다. 따라서, 갈릴레이가 측정한 것은 빛의 속도가 아니라 측정을 하는 사람의 반응 속도이다. 사실, 그 실험에서 다른 산의 등불이 보이기까지 걸리는 시간은 매우 짧다. 시간을 재려고 표시할 수 없다.

빛의 속도를 잰 과학자들

영국의 제임스 브래들리(James Bradley ; 1693~1762)는 1725년에 빛의 속도를 측정한 값을 발표했다. 그는 망원경의 각도와 지구가 태양 주위를 도는 속도를 이용해 빛의 속도를 계산했다. 그 값은 실제 값과 5%밖에 차이가 나지 않았다!

한편, 다시 산으로 간 과학자가 있었다. 1849년, 프랑스의 물리학자 아르망 피조(Armand Fizeau ; 1819~1896)는 산꼭대기에서 밝은 빛을 비추었다. 회전하는 바퀴의 살 사이를 통과한 그 빛은 8 km 떨어진 산꼭대기의 거울에 반사된 다음, 다

시 출발 지점으로 돌아와 역시 바퀴의 살 사이로 통과했다.

그가 얻은 값은 초속 313,300 km로, 실제 값보다 조금 더 컸다. 그렇지만 그가 사용한 아이디어는 아주 훌륭한 것이어서, 그 뒤에도 많은 과학자들이 그 방법을 사용했다.

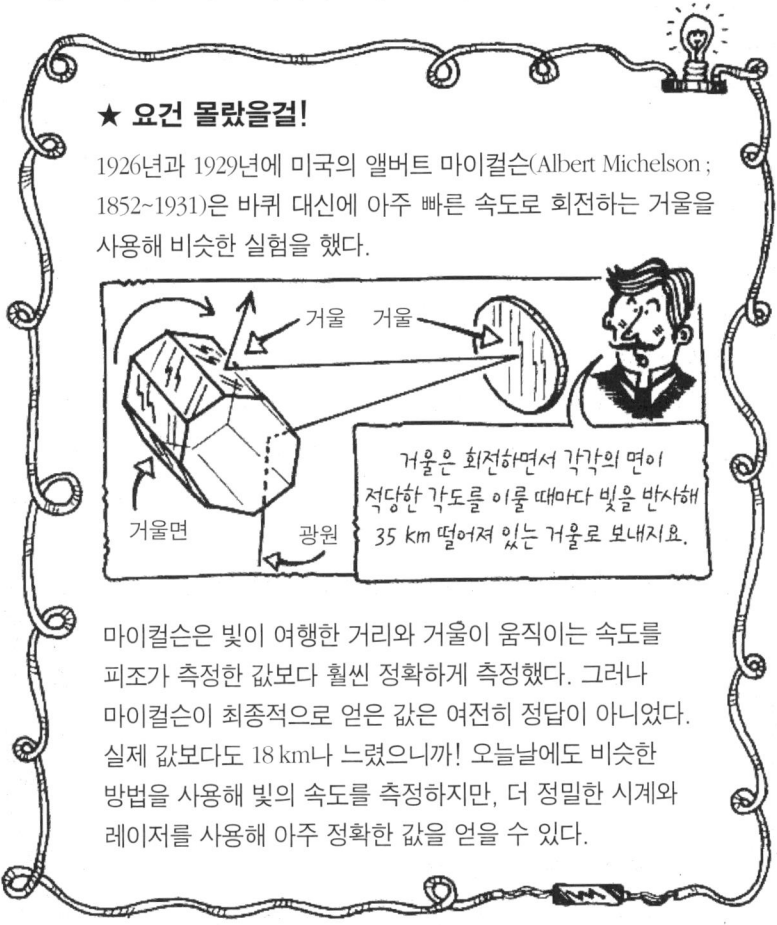

★ 요건 몰랐을걸!

1926년과 1929년에 미국의 앨버트 마이컬슨(Albert Michelson; 1852~1931)은 바퀴 대신에 아주 빠른 속도로 회전하는 거울을 사용해 비슷한 실험을 했다.

거울은 회전하면서 각각의 면이 적당한 각도를 이룰 때마다 빛을 반사해 35 km 떨어져 있는 거울로 보내지요.

마이컬슨은 빛이 여행한 거리와 거울이 움직이는 속도를 피조가 측정한 값보다 훨씬 정확하게 측정했다. 그러나 마이컬슨이 최종적으로 얻은 값은 여전히 정답이 아니었다. 실제 값보다도 18 km나 느렸으니까! 오늘날에도 비슷한 방법을 사용해 빛의 속도를 측정하지만, 더 정밀한 시계와 레이저를 사용해 아주 정확한 값을 얻을 수 있다.

빛을 쪼갠 사나이

빛의 비밀을 밝히는 데 중요한 역할을 한 과학자가 아이작 뉴턴이라고 이야기했지? 선생님은 뉴턴이 물체에 영향을 미치는 힘들(중력과 같은)을 밝혔다고 이야기해 줄 것이다. 그렇지만 뉴턴이 기르던 개 이름이 다이아몬드라는 사실을 선생님은 알고 있을는지? 다이아몬드는 주인만큼 영리하지는 않았던 것 같다. 다이아몬드가 글 쓰는 법을 배웠더라면, 아마 다음과 같은 일기를 남기지 않았을까?

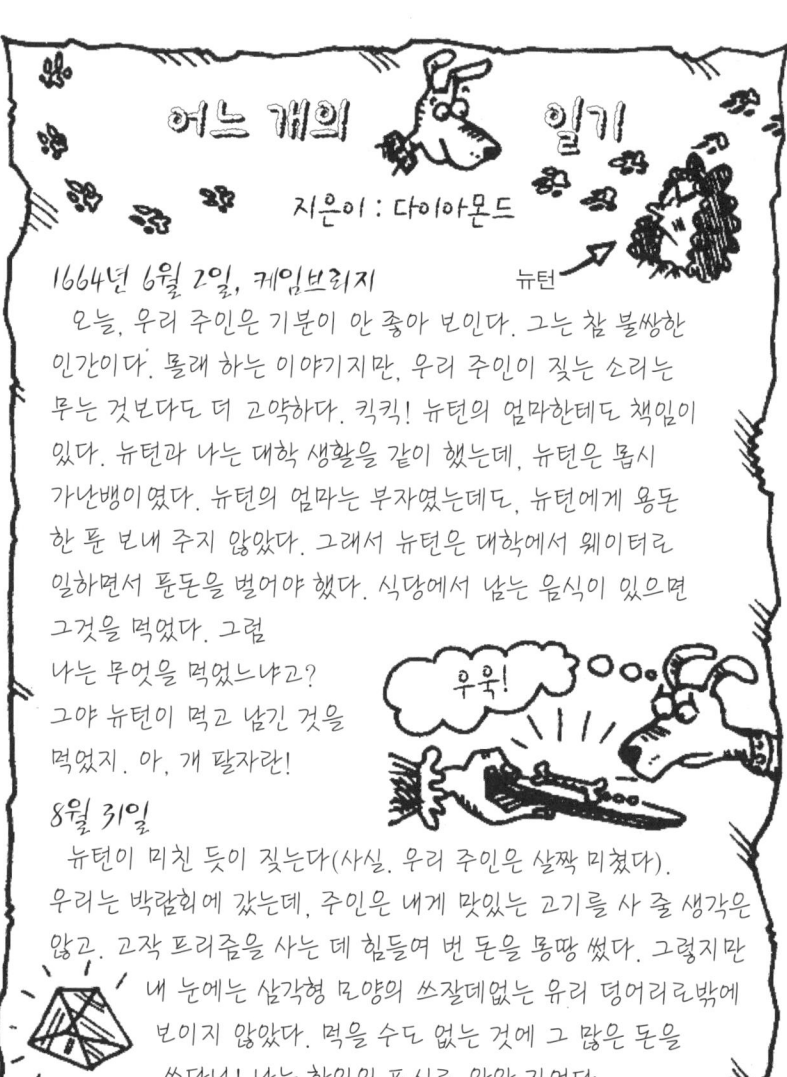

어느 개의 일기

지은이 : 다이아몬드

1664년 6월 2일, 케임브리지

뉴턴

오늘, 우리 주인은 기분이 안 좋아 보인다. 그는 참 불쌍한 인간이다. 몰래 하는 이야기지만, 우리 주인이 짖는 소리는 무는 것보다도 더 고약하다. 킥킥! 뉴턴의 엄마한테도 책임이 있다. 뉴턴과 나는 대학 생활을 같이 했는데, 뉴턴은 몹시 가난뱅이였다. 뉴턴의 엄마는 부자였는데도, 뉴턴에게 용돈 한 푼 보내 주지 않았다. 그래서 뉴턴은 대학에서 웨이터로 일하면서 푼돈을 벌어야 했다. 식당에서 남는 음식이 있으면 그것을 먹었다. 그럼 나는 무엇을 먹었느냐고? 그야 뉴턴이 먹고 남긴 것을 먹었지. 아, 개 팔자란!

우욱!

8월 31일

뉴턴이 미친 듯이 짖는다(사실, 우리 주인은 살짝 미쳤다). 우리는 박람회에 갔는데, 주인은 내게 맛있는 고기를 사 줄 생각은 않고, 고작 프리즘을 사는 데 힘들여 번 돈을 몽땅 썼다. 그렇지만 내 눈에는 삼각형 모양의 쓸데없는 유리 덩어리로밖에 보이지 않았다. 먹을 수도 없는 것에 그 많은 돈을 쓰다니! 나는 항의의 표시로 왈왈 짖었다.

뉴턴은 놀란 듯이 나를 쳐다보았다.
그리고는 "너 괜찮니?" 하고 물었다.
우리 주인은 내게 종종 말을 거는데,
그것은 친구가 얼마 없기 때문이다.
"나, 몹시 기분 나빠요"라고 내가
대답했다. 그렇지만 그 소리는
으르렁거리는 소리로 들렸을 테고, 뉴턴은
내 말을 무시했다. 그는 다시 연구에 빠졌고,
나는 지쳤다. 나는 꼬르륵거리는 배를 안고 잠자리로 가야 했다.

1665년 12월 25일, 링컨서 주의 울스소프

뉴턴의 엄마 집에서 머물고 있다. 페스트 때문이다.
사람 목숨이 파리 목숨인 양 수많은 사람들이 픽픽
쓰러져 갔고, 대학도 문을 닫고 말았다. 그래서 우리가
이 곳으로 온 것이다. 뉴턴의 엄마가 매끼마다 밥을
챙겨 주니 너무 좋다. 냠냠! 크리스마스를 맞이해 희생된 칠면조
뼈를 씹고 있다.

1666년 1월 1일

우리 주인이 또다시 저녁 식사를 먹지 않았다.
언제나처럼 주인은 자기 방에서 아무 의미 없는
숫자들을 끄적거리면서 빛에 관해 알 수 없는
과학 용어들을 중얼거린다. 그는 몸도 씻지
않고, 옷도 갈아 입지 않는다. 푸아, 냄새! 갈수록 개처럼(앗,
나의 실수!) 타락해 가는 것 같다. 나는 항상 주인을 돕고 싶다.
그래서 언제든지 그의 저녁을 대신 먹어 주려고 준비하고 있다.

어쨌든, 음식을 버려서는 안 되잖아?

1월 12일
오늘 주인의 방에 몰래 들어갔다가 깜짝 놀랐다. 뉴턴이 창문 셔터에 작은 구멍을 낸 것이다(엄마가 이걸 보면 엄청 화를 낼 것이다). 구멍을 통해 한 가닥의 빛이 흘러들어와 벽에 둥그렇게 비쳤다. 이로써 내 이론이 증명되었다. 즉, 뉴턴은 완전히 돌았다!

1월 13일
상쾌한 일요일 아침이다. 산책하기 딱 좋은 날씨다. 그래서 나는 뉴턴의 방으로 가서 꼬리를 흔들며 왈왈 짖었다. 그 때, 신기한 것이 보였다. 창문 셔터에 뚫린 구멍을 통해 한 가닥 밝은 햇살이 비치더니 그 아무 쓸잘데없는 프리즘을 지나가는 것이 아닌가! 프리즘에서 나온 빛은 벽에다가 여러 가지 색깔의 무늬를 만들었다. 그것은 무지개 같았다.

처음에 나는 "이야, 누가 저런 멋진 그림을 벽에다 그려 놨지?"라고 생각했다. 그러나 곧 그것은 빛이 만들어

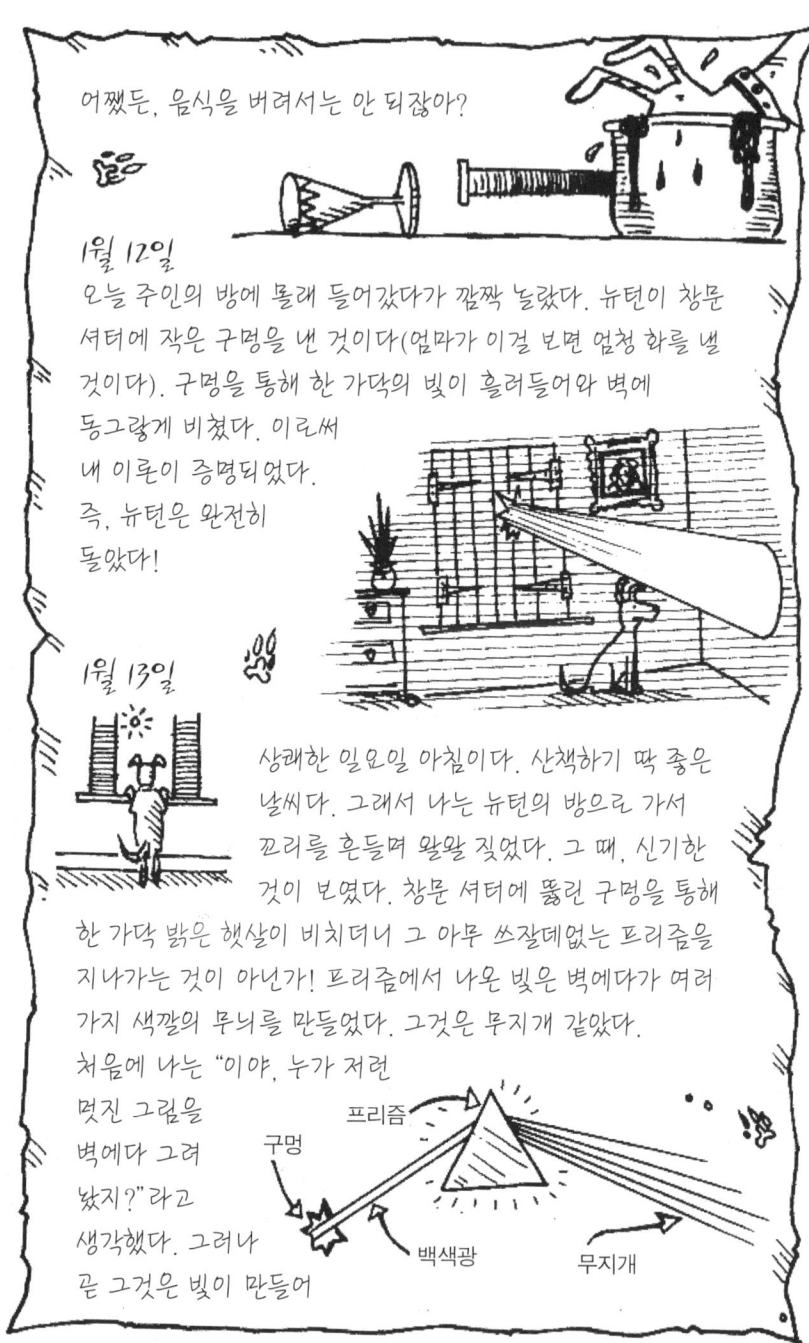

낸 것임을 깨달았다. "저 프리즘은 마법의 힘이 있나 봐"라고 나는 생각했다. 뉴턴은 흡족한 듯 얼굴 가득히 미소를 띠고 있었다.

"저 무지개의 정체를 뭐라고 생각하니, 다이아몬드야?"

뉴턴은 흥분한 표정으로 얼굴을 나한테 바싹 갖다 대고 물었다.

내 대답은 "멍멍!"이었다. 이것은 뉴턴이 뭔가 새로운 것을 발견했을 때 받는 최고의 반응이었다.

"내가 어떻게 저 무지개를 만들었는지 궁금하지?" 하고 뉴턴이 물었다.

사실, 나는 그게 궁금했는데, 다행히도 뉴턴이 그 마술을 어떻게 부렸는지 설명해 주었다.

"잘 들어. 햇빛은 여러 가지 색깔의 성분들로 이루어져 있어."

나는 꼬리를 까닥거리면서 뉴턴이 숨도 쉬지 않고 설명하는 모습을 지켜 보았다.

"빛 속의 여러 색깔들이 프리즘에 어떤 각도를 이루며 들어갈 때, 각각의 색깔 성분들은 서로 다른 각도로 굴절된단다. 그래서 백색광이던 햇빛 속의 색깔 성분들이 서로 분리돼 나와 무지개처럼 보이는 거란다."

설마 이런 복잡한 과학 강의를 내가 이해하리라고 생각한 것은 아니겠지? 나는 오줌이 마려워 폭발할 지경이었다. 다행히도, 엄마가 내가 짖는 소리를 듣고 나를 데리고 산책에 나섰다.

휴우. 이제 좀 살겠네.

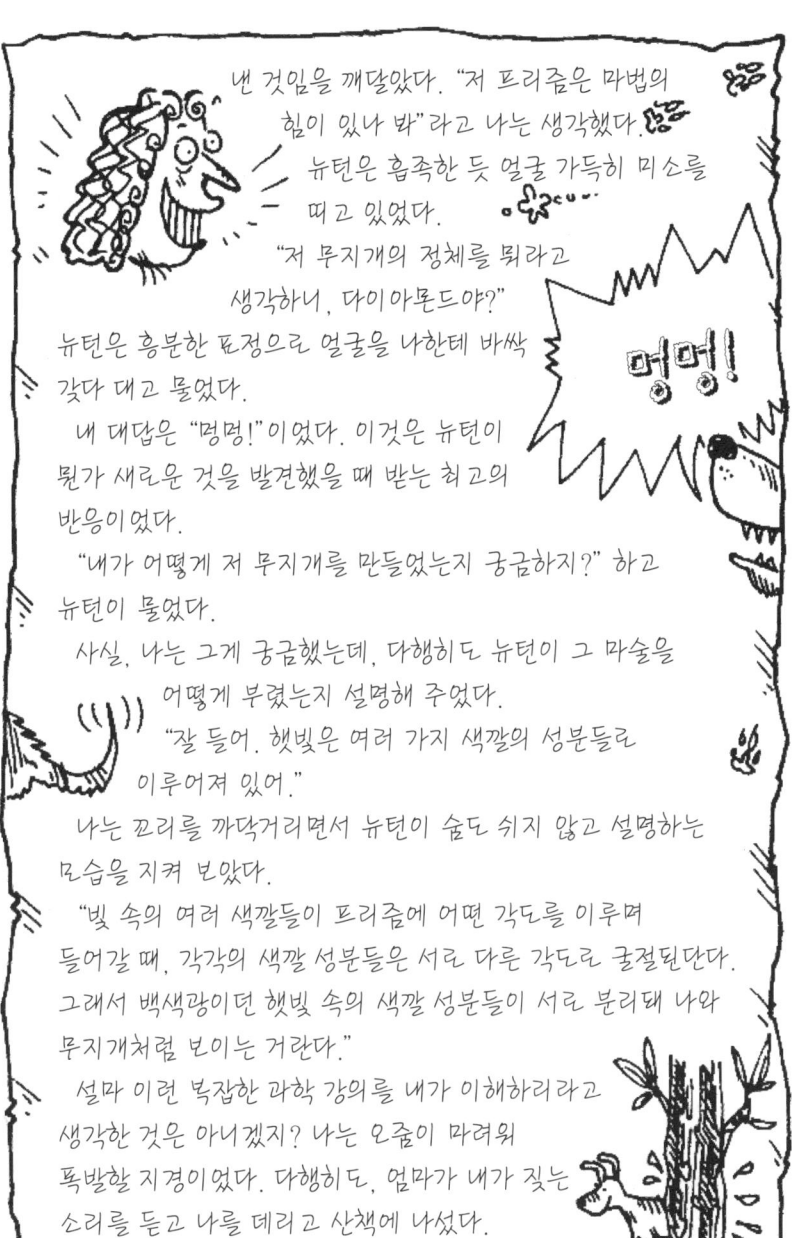

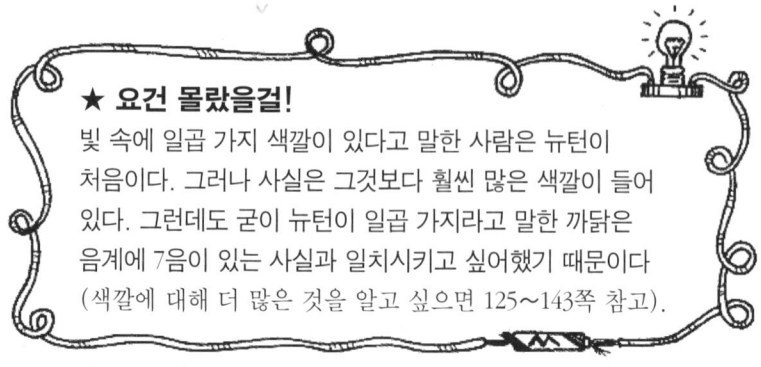

새로운 분야를 개척하다

비록 뉴턴은 프리즘을 사용해 무지개를 최초로 만들어 낸 사람은 아니지만, 프리즘에서 만들어지는 색깔들이 유리에 의해서 만들어지는 것이 아니라, 햇빛 속에 들어 있던 성분이라는 것을 최초로 밝혔다. 그는 첫 번째 프리즘에서 만들어진 무지개 빛깔 중에서 빨간빛만을 두 번째 프리즘에 통과시켜, 더 이상 여러 색깔 성분으로 나누어지지 않는다는 사실을 발견함으로써 그것을 증명했다.

뉴턴은 새로운 분야를 개척했으나, 그의 연구는 시끄러운 논쟁을 불러일으켰다. 그는 연구 결과를 논문으로 써서 왕립 학회(1662년에 설립된 과학자들의 클럽)에 제출했으나, 경쟁 관

계에 있던 로버트 훅(Robert Hooke ; 1635~1703)은 뉴턴의 실험은 제대로 된 것이 아니라고 주장했다. 실은, 훅이 사용한 프리즘의 유리가 성능이 좋지 못했기 때문에 뉴턴과 같은 결과를 얻을 수 없었던 것이다. 그러나 이처럼 자기 연구를 놓고 말이 많자, 뉴턴은 훅과 다시는 말도 나누지 않았다.

뉴턴은 페스트가 어느 정도 물러간 후에 케임브리지로 돌아갔다. 어느 일요일, 그는 실험실에 촛불을 켜 놓은 채 교회에 갔다. 아마 다이아몬드도 실험을 해 보고 싶었던 모양이다. 어쨌든, 다이아몬드는 책상 위로 뛰어올라 촛불을 넘어뜨려 불을 내고 말았다. 일설에 따르면, 뉴턴이 빛에 대해 써 놓은 모든 글과 화학 기구들이 이 때 몽땅 불타 버렸다고 한다.

뉴턴은 기억을 되살려 원고를 다시 썼다. 그러나 그는 자신의 연구를 발표하지 않고 있다가 1704년에 훅이 죽자, 비로소 자신의 견해를 밝혔다. 그런데 빛에 관한 뉴턴의 생각은 그것으로 그치지 않았다. 뉴턴은 빛은 아주 작은 공(입자)들로 이루어져 있다고 생각했다. 그렇지만 그 공들을 볼 수 있는 방법이 없었기 때문에 이러한 생각은 그냥 추측에 머물렀다. 그로부터 1세기가 지나기 전에 다른 천재 과학자가 전혀 다른 각도에서 그 문제를 다루었다.

명예의 전당 : 토머스 영 (Thomas Young ; 1773~1829)
국적 : 영국

영은 어릴 때부터 아주 총명했다. 과학 시험 시간이면 급우들이 모두 그의 옆에 앉고 싶어했을 정도니까. 영은 만 두 살 때 이미 글을 읽기 시작했다. 여섯 살 때에는 성경을 두 번이나 읽었고, 14세 때에는 선생님의 도움을 받아 현미경과 망원경을 설계, 제작했다. 그 무렵에 영은 영어 외에도 4개국어를 구사했으며, 8개국어를 더 배우겠다고 마음먹었다.

영은 의사가 되기 위한 훈련을 받았으나, 1797년에 숙부가 죽으면서 영에게 많은 유산을 남겼다. 그것은 정말 반가운 소

식이었다. 물론 숙부에게는 안됐지만. 마침내 영은 자기가 진짜 하고 싶었던 일, 즉 과학 실험을 마음껏 할 수 있게 되었다.

불행하게도, 영이 이룬 발견은 사람들에게 별로 알려지지 않았다. 그의 글은 너무 따분해서 읽으려고 한 사람이 얼마 없었기 때문이다. 그럴 만도 했다. 그는 강의가 너무 지루하다는 이유로 왕립 과학 연구소에서 쫓겨나기까지 했다(참고 사항 : 여러분의 선생님에게 이런 일이 일어날 가능성은 거의 없다. 그러니 몽상에 빠지지 말고 이 책을 계속 읽도록!).

1801년, 영은 빛이 파동이라는 사실을 증명했다. 광파는 눈으로 볼 수 없을 만큼 아주 작다는 사실을 감안하면 이것은 정말로 위대한 발견이었다. 그런데 빛이 파동이라는 생각은 새로운 것이 아니었다. 이미 1690년에 네덜란드의 천문학자 크리스티안 호이겐스(Christiaan Huygens ; 1629~1695)가 복잡한 수학을 기초로 빛의 파동설을 주장했다. 그렇지만 영은 광파가 실제로 존재한다는 것을 증명하는 실험을 구상했다.

그가 한 실험은 다음과 같은 것이었다.

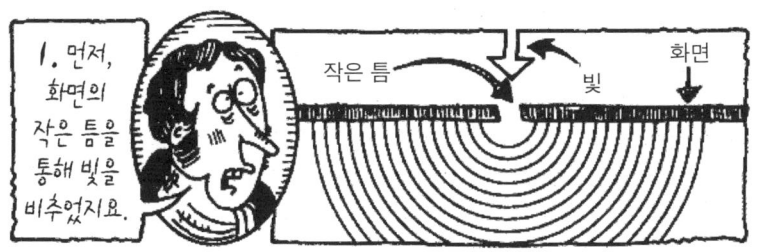

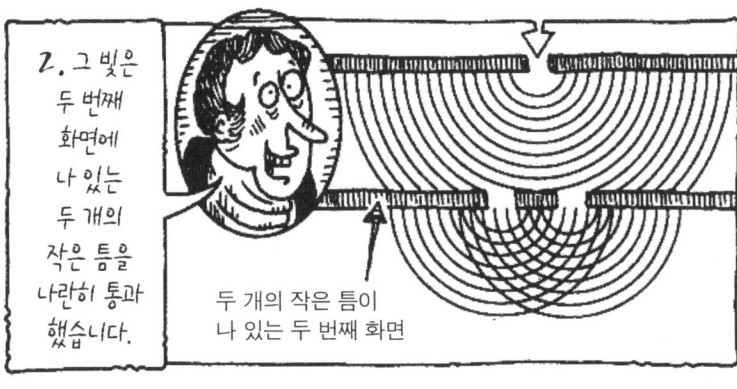

2. 그 빛은 두 번째 화면에 나 있는 두 개의 작은 틈을 나란히 통과했습니다.

두 개의 작은 틈이 나 있는 두 번째 화면

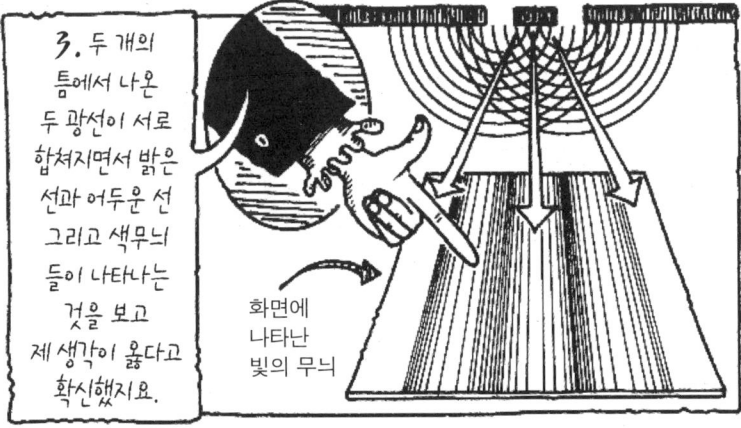

3. 두 개의 틈에서 나온 두 광선이 서로 합쳐지면서 밝은 선과 어두운 선 그리고 색무늬들이 나타나는 것을 보고 제 생각이 옳다고 확신했지요.

화면에 나타난 빛의 무늬

4. 영은 이 무늬가 두 개의 작은 틈에서 퍼져 나온 빛의 파동에 의해 만들어졌다는 것을 증명할 수 있었다. 두 파동은 퍼져 나가면서 서로를 지나가게 된다. 두 파동이 서로의 길을 막아설 때 그림자가 만들어지는데, 이것이 화면에 어두운 선으로 나타나는 것이다.

빛에 여러 가지 색깔 성분이 섞여 있다는 사실을 기억하지? 두 광파가 서로의 진로를 부분적으로 방해할 때에는 무사히 통과한 광파 성분들의 빛만 보이게 된다. 한편, 두 광파가 서로를 무사히 지나간 부분에서는 두 광파가 모두 나타나는데, 이 부분은 화면에 밝은 선으로 나타난다. 잘 이해했겠지?

알쏭달쏭한 표현

두 물리학자가 대화를 나누고 있다.

누가 무슨 일을 간섭한다는 말인가?

> 답 : 간섭하는 사람은 아무도 없다.
> 1. 회절이란, 파동이 물체 뒤편의 그늘에 파고 드는 것을 뜻한다.
> 2. 파동에서 간섭이란 그 성질이다. 수 파동이 더 강한 빛이 만들어지 거나 서로 지워서 약해진다. 그러니까 영의 실험에서 간섭된 것은 파동들이 일으킨 현상일 것이다.

그걸로 이야기가 끝났을까?

빛이 파동으로 이루어져 있다는 사실을 뒷받침하는 다른 증거들이 속속 나타남으로써 호이겐스와 영의 생각이 옳은 것으로 굳어졌다. 1818년에는 프랑스의 물리학자 오귀스탱 장 프레스넬(Augustin Jean Fresnel ; 1788~1827)이 수학을 사용해 어떻게 광파가 반사와 굴절을 일으킬 수 있는지 증명하기까지 했다. 그러나 과연 빛의 본질은 파동일까? 빛이 작은 입자라는 뉴턴의 생각은 그냥 잠꼬대에 불과한 것일까?

1901년, 독일의 물리학자 막스 플랑크(Max Planck ; 1858~1947)가 빛의 파동설을 굳게 믿고 있던 물리학계에 찬물을 끼

엎고 나섰다. 플랑크는 빛은 양자(量子)라고 부르는 에너지 덩어리로 이루어져 있다고 말했다. 플랑크의 연구는 검은 상자 속에서 빛 에너지가 어떻게 열로 변하는지를 잘 설명해 주었다. 그러나 그의 계산이 성립하려면, 빛은 양자로 이루어져 있어야만 했다. 빛의 양자를 지금은 '광자(光子)'라고 부른다.

4년 후, 과학계의 슈퍼스타가 수학을 사용해 플랑크의 생각이 옳다는 것을 증명했다. 그 슈퍼스타는 실험도 하지 않고, 펜과 종이만을 사용해 계산을 했다. 그렇지만 그는 빛이 광자로 이루어져 있으며, 광자는 아주 빨리 움직이기 때문에 광파를 만든다는 사실을 증명할 수 있었다. 이 생각은 서서히 물리학자들 사이에 받아들여지게 되었다.

그 슈퍼스타가 누군지 혹시 짐작이 가는지?

불세출의 스타, 아인슈타인

아인슈타인은 1905년과 1915년에 발표한 두 가지 상대성 이론으로 가장 유명하다.

나는 시간과 공간이 같은 것이고, 시간은 속도에 따라 달라질 수 있다는 것을 증명했지요.

그가 한 말이 무슨 소린지 모르더라도, 낙심하지 마라. 혼자만 그런 게 아닐 테니까. 아마 선생님조차도 그 자세한 내용은 모르고 있을걸?

물론 나름대로 공부를 열심히 하는 선생님이라면, 아인슈타인이 독일에서 태어났고, 스위스에서 특허국 직원으로 일하면서 특수 상대성 이론을 발견했으며, 1930년대에 미국으로 망명했다는 이야기를 들려 줄 것이다. 그렇지만 그런 선생님 조차도 다음의 다섯 가지 사실은 모르고 있을 것이다.

1. 아인슈타인은 14세 때 공상에 빠져(틀림없이 과학 시간이었을 게다) 빛에 대해 깊이 생각했다. 그는 자신이 빛을 타고 날아간다고 상상해 보았다.

그것은 위험한 짓이었다(빛을 타고 날아가는 것이 위험한 게 아니라, 수업 시간에 백일몽에 빠진 것이. 그리고 빛을 타고 서핑을 즐긴다는 것은 한 마디로 말도 안 되는 이야기다). 그 당시에 수업 시간에 한눈을 팔다가는 손등에 매를 맞았다. 역사에는 아인슈타인이 그러한 벌을 받았는지 기록이 남아 있지 않지만, 필시 그랬을 게다.

2. 아인슈타인은 결국 학교에서 쫓겨나고 말았다. 선생님은 아인슈타인이 공부도 열심히 하지 않고 딴 생각을 하면서 히죽이 웃는 것을 참을 수가 없었다. 그렇지만 아인슈타인은 천재였고, 자기 연구에 깊이 빠져 있었다(여러분의 경우에는 이러한 변명이 통하지 않을걸).

이 멍청한 녀석! 머리 모양만 아인슈타인 같으면 뭘 해? 그 속이 텅텅 비었는데!

3. 빛에 관한 아인슈타인의 발견은 사실은 첫 번째 아내인 밀레바가 이룬 것이라고 생각하는 사람들도 있다. 아인슈타인도 이렇게 말한 적이 있다.

내가 만들어 내거나 이룬 것은 모두 제 아내 밀레바 덕분입니다.

그러나 아들인 한스 알베르트는 비록 밀레바가 수학을 도와 주긴 했지만, 과학적인 사고는 아인슈타인이 직접 한 것이라고 말했다. 아인슈타인은 밀레바가 자기를 잘 돌봐 주어 훌륭한 이론을 만들 수 있는 시간과 자신감을 준 데 대해 그렇게 감사의 뜻을 표시한 것인지도 모른다.

4. 아인슈타인이 죽은 후, 의사들은 그의 두개골에서 뇌를 꺼

내 상자 속에 보관했다. 과학자들이 천재성에 대한 연구를 하도록 하기 위해서였다. 그러나 아인슈타인의 뇌는 보통 사람의 뇌와 거의 똑같았다.

5. 아인슈타인의 뇌를 꺼낼 때, 의사들은 그의 눈알도 빼내 기념품으로 가졌다.

여러분도 그런 기념품을 갖고 싶은가? 설마 아니겠지. 피가 엉겨붙어 있는 물컹물컹한 눈알은 생각만 해도 구역질이 난다면, 이 페이지를 넘기기 전에 눈을 감는 게 좋을 것이다.

왜냐 하면, 다음 장은 그러한 눈알들이 여기저기 널려 있을 것이기 때문이다.

눈알이  뒤룩뒤룩

진짜 무시무시한 생각을 해 보자. 아침에 눈을 떴더니, 갑자기 눈앞이 캄캄하고 아무것도 보이지 않는다고 상상해 보라! 별빛 한 점 없는 새까만 밤 하늘처럼! 그렇다면 여러분은 공포에 질려 길길이 소리칠 것이다(아니면, 다시 밤이 되었다고 생각하고 도로 잠에 빠지거나).

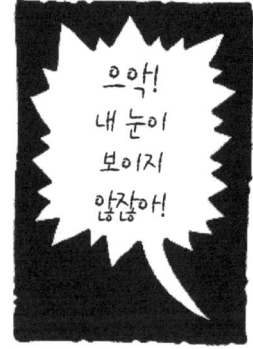
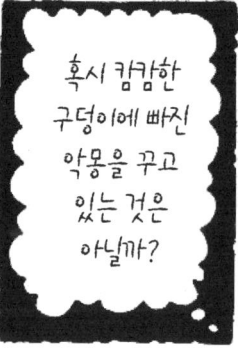
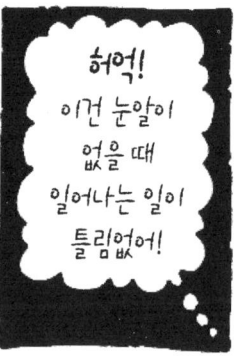

이제 눈알이 얼마나 소중한지 알겠지? 만약 눈알이 없다면, 여러분은 단 한 줄기의 빛조차 보지 못할 것이다.

눈알에 관한 퀴즈 특급

눈알에 대해 좀더 알고 싶어 좀이 쑤시는 사람을 위해 다음 페이지에 신선한 눈알 하나를 반으로 잘라 놓았다. 이 퀴즈 특급에서는 눈알의 각 부위와 그것에 해당하는 적절한 관련 사실을 서로 연결지으면 된다.

눈알의 각 부위
1. 섬모체근
2. 홍채
3. 시신경

4. 간상 세포와 원추 세포*가 있는 망막
5. 각막
6. 속눈썹
7. 수정체
8. 물컹물컹하고 축축한 부분
9. 공막
10. 눈 근육

* 세포란, 여러분의 몸을 이루고 있는 젤리처럼 생긴 작은 생명 단위로, 여러분의 몸은 약 60조 개의 세포로 이루어져 있다.

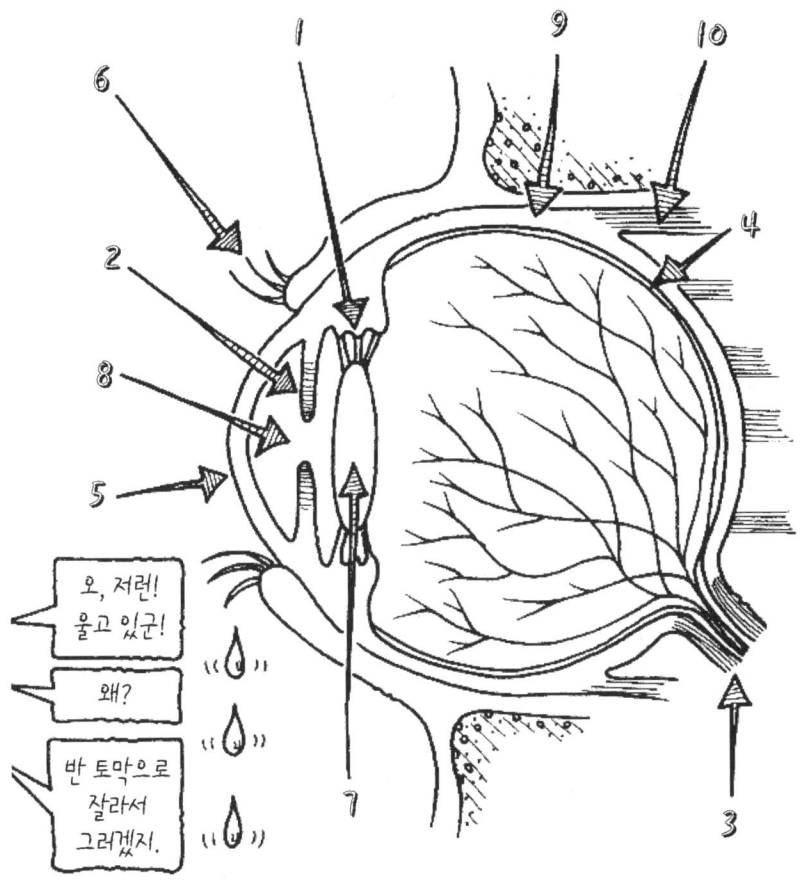

관련 사실

a) 이것의 수는 약 200개이다.
b) 이 부분은 눈알의 모양을 유지하도록 도와 준다.
c) 이 부분은 눈알이 눈구멍에서 빠져 나가는 것을 막아 준다.
d) 이 부분의 색깔은 빛을 그대로 통과시키지 않고 여과함으로써 눈을 덜 부시게 한다.
e) 이것의 면적은 6.5 cm²로, 이것이 없다면 여러분은 아무것도 볼 수 없다.
f) 이것은 하루에 10만 번씩 모양이 바뀐다.
g) 이 부분은 **f)** 부분을 조절한다.
h) 이 부분은 공기 중에서 산소를 흡수한다.
i) 이 부분에는 약 100만 개의 신경 섬유가 있다.
j) 이 부분에서는 혈관을 볼 수 있다.

답:

1. g) 2. d) 눈알 운동자(또는 가로막이 근육)를 통해 들어 올려지고, 늘고는 야간에는 곧 새생된다. 먼지나 먼지 덩어리 세포의 영향이 미치지 않는다. **3. i)** 시신경은 신경 섬유이다. 시신경이 예민하여 항상 정돈된다. **4. e)** 망막의 열에는 신경 세포들이 무리로 배열하여 전달하는 것이다. **6. a)** 약속돌기가 약 7000만 개이고 작은 세포들 통과하여 움직이는데 생겨날 수 있지 1억 3000만 개의 간상 세포는 진체형을 감지하고 작은 것을 감지하는데, 137장을 볼 수 있다. **5. h)** 각막에는 혈관이 없기 때문에 이물질로 튼투가 된다. 스크라 풍공의 홍채에서 예배산에 등을 잃고, 시 즉 눈동자가 넓어지며 바닥에 빛이 많이 지나가 빠지지 지금 공기 중의 산소가 빠져 들어가 새로운 것이 자라난다.

7. d) 수정체는 나이가 들어서 조정력이 떨어지면서 늘 쓰는 초점거리로 굳어져 있다. 그래서 책을 멀찌감치 떼어내야 제대로 볼 수 있다. 돋보기로 수정체의 낡은 조정력을 보완해 주는 것이다.

8. b) 그렇다. 정밀하게 들여다보면 몸도 늙어 가고 있는 것이다.

9. d) 이 부분은 야맹증의 부분이다. 비타민 A가 부족하면 망막의 광도 감수성이 떨어진다.

10. c) 눈 수정체 밑의 근육이 근육 세포처럼 낡게 된다. 수정체는 근육에 의해 두께가 달라지고, 이것이 곧 이음의 초점 조절이다. 사물을 제대로 보려면 사물과 거리가 중요하다.

★ 요건 몰랐을걸!

1. 망막이 우리에게 빛을 보게 하는 과정은 엄청나게 복잡하다. 어떤 사물을 보는 것은 그 사물에서 나온 광자가 망막의 세포에 와 부딪치는 것이다. 망막의 세포들에는 색소라는 화학 물질이 들어 있다. 광자들은 처음에는 색소 속에서, 그 다음에는 세포 속에서 일련의 화학 반응들을 일으킨다. 여기서 신경 신호가 만들어져 두뇌로 전달된다. 이 복잡하고 혼란스러운 화학 반응들은 순식간에 일어난다. 그것도 조금도 쉬지 않고 늘 일어나고 있다.

2. 그러면 여러분의 눈은 얼마나 좋은가? 여러분의 시력이 얼마나 좋은지 테스트해 보고 싶은가? 정상이라면 여러분의 눈은 65 m 거리의 운동장에 떨어져 있는 동전도 볼 수 있어야 한다. 그렇지만 이 실험을 하기 전에 운동장에 다른 사람들이 없는지 확인하는 게 좋겠지?

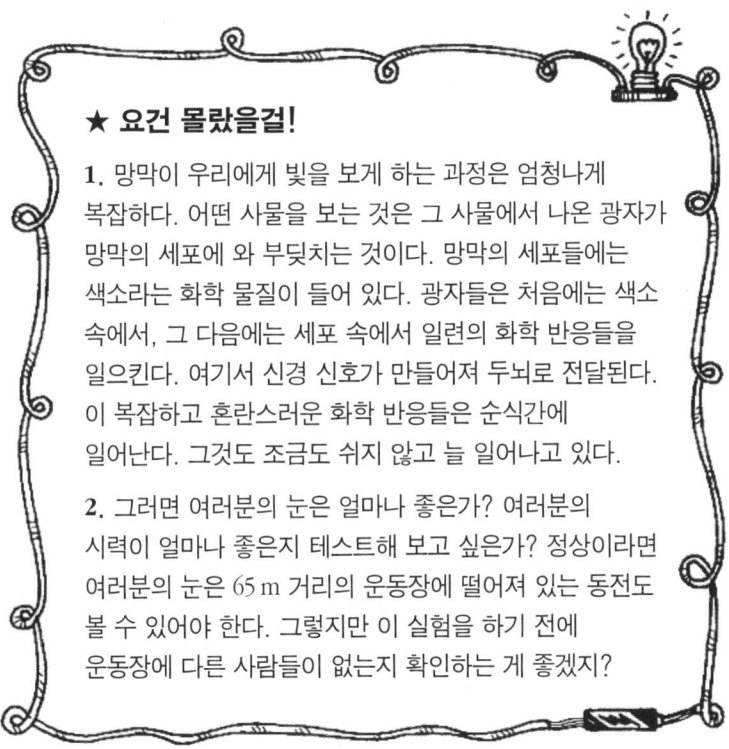

자, 그럼 눈에 관한 테스트를 하나 더 해 볼까?

직접 해 보는 실험 : 손에 구멍이 뚫렸어요!

준비물 :

빨간색 A4 용지 한 장

왼손(여러분 것을 써도 된다. 다치지 않는다니까! 정말로!)

실험 방법 :

1. 종이를 기다란 방향으로 지름 약 2.5 cm의 원통으로 만다.
2. 창문을 오른쪽에 두고 선다.
3. 원통을 오른쪽 눈에다 갖다 댄다. 양 눈으로 앞을 똑바로 응시한다.
4. 왼손을 맨 오른쪽 그림처럼 원통 왼쪽에다 갖다 대고 본다 (왼손은 원통의 중간쯤에 위치하는 것이 좋으며, 손바닥의 방향은 뒤집혀도 됨).

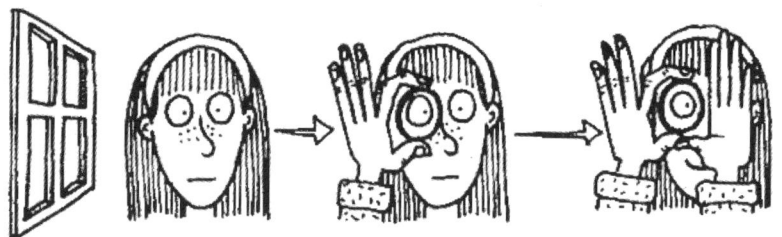

무엇을 관찰할 수 있는가?

a) 손이 사라져 버렸다.
b) 으악! 손바닥에 구멍이 뻥 뚫렸다.
c) 이럴 수가! 왼손이 두 개 생겼다.

답 :
b) 원통과 오른쪽 눈 사이로 들어오는 빛과 손을 지나 다른 쪽 눈으로 들어오는 빛이 뇌에서 합쳐져 마침내 시야의 한가운데에 손바닥에 난 구멍이 보이게 된다. 야시람이 3차원 상을 만들어 내는 방식에 대한 설명이 되니까, 이 실험은 아주 흥미 있는 실험이다.

★ 요건 몰랐을걸!

어두운 곳에서는 더 많은 빛을 받아들이기 위해 눈동자가 커진다. 영어로 눈동자를 'pupil'이라 하는데, 이것은 '작은 소녀'를 뜻하는 라틴어에서 유래했다. 거울 앞에 서서 거울 속에 비친 눈동자를 자세히 들여다보라. 옛 로마 인들은 그 눈동자 속에 비친 모습이 작은 소녀처럼 보인다고 생각했다.

그런데 어두운 조건에 대해 더 이야기하자면….

쉬는 시간에 선생님 골려 주기

이것은 어두침침하고 으스스한 복도(어느 학교든 그러한 곳이 반드시 있다)에서 써 먹는 게 좋다. 아주 작은 글자가 인쇄된 책이 한 권 필요하다(지겨운 과학 책을 사용하는 게 좋다. 그러니까 이 책은 절대로 안 된다). 교무실 문을 두드리고, 선생님이 나오시거든 부드러운 미소를 짓고 이렇게 말한다.

선생님이 작은 글자를 읽느라고 애쓰는 모습을 즐겨라. 그

러고 나서 왜 어두운 곳에서는 글자를 잘 볼 수 없느냐고 질문을 던진다.

> 답: 이것은 정말 좋은 질문이다. 예리하며, 두 가지 답이 가능하기 때문이다.
> 1. 원뿔 세포는 영상을 감지할 수 있지만, 공자의 상을 형성할 만큼 충분한 빛이 있을 때만 그렇게 할 수 있다. 이것이 막대 세포와 다른 점이다.
> 2. 봉쪽한 망막은 외관상 둥글다. 눈놀이의 원뿔 세포는 감지하려고 하는 물체의 상이 나무지 않기 때문이다. 그래서 망막의 평평한 부위에 상이 맺혔을 때보다 더 되놀라진다. 그러면 되놀라진 망막은 빛을 덜 감지한다. 그것이 이렇게 더 많은 빛을 필요로 하는 이유이다. 어둠 속에서, 깜빡 긴장된 눈꺼풀에 주로 큰 원뿔이나 상이 맺힌다.

선생님은 이 두 가지 답을 다 알고 계실까?

나도 과학자가 될 수 있을까?

물론 시각에 관한 이러한 사실들은 저절로 밝혀진 것이 아니다. 그것들은 과학자들과 의사들이 조심스러운 연구를 계속한 끝에 발견되었다. 눈의 수정체가 어떻게 빛을 초점 맞게 하는지는 1792년에 영이 진짜 눈알을 가지고 실험을 한 결과 밝혀졌다.

그런데 영은 그 눈알을 어디서 구했을까?

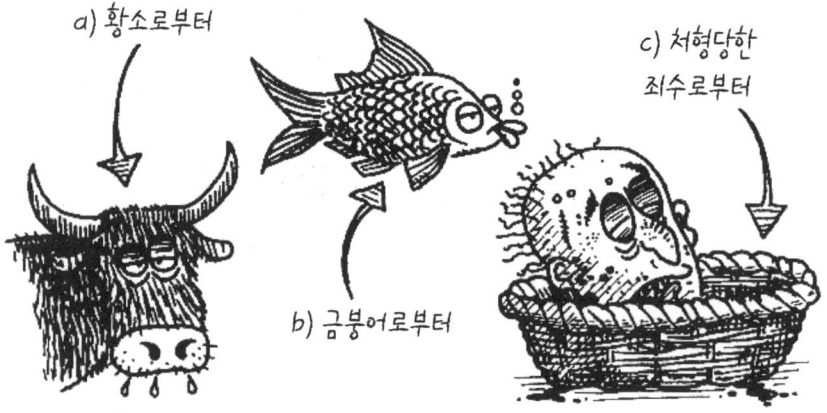

a) 황소로부터
b) 금붕어로부터
c) 처형당한 죄수로부터

> 답:
> a) 옷은 그 촉감만 감각적으로 차단, 물과 피부에 공기가 통과하지 못하여 이끼처럼 번져 달라붙어 도움닫기를 할 수 있다. 그러나, 그 결과, 수상채드 이세끼가 얼마나 옹지 않지 쏠 수가 없어진다.

선생님의 실력을 테스트해 보자

수영 시간이 지겹게 느껴진다면, 다음과 같은 질문을 던져 선생님을 쩔쩔매게 만들어 보자.

* 왜 물 속에서는 모든 것이 흐릿하게 보이나요?

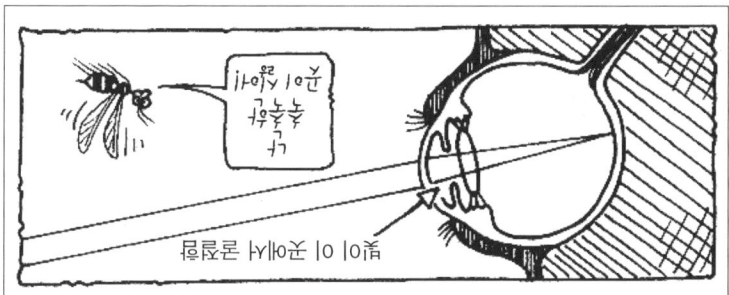

> 답:
> 정상적으로 빛은 각막에서 굴절되어 수정체(즉, 수정진다)를 거기부터 2차굴절 되면서 적당한 각도로 꺽여 망막 위에 도달되어 때 정확한 초점이 맞아진다. 그런데 물 속에서는 각막의 굴절 각도가 얕아져서 한 번에 제대로 굴절되지 못하고 망막 뒤로 시물을 투영시키게 됨으로 사물이 흐릿해져 볼 수 있다.

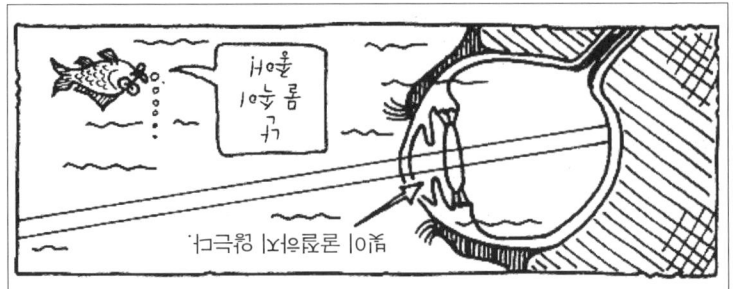

그러면 어떻게 될까? 물 속에 있을 때는 물이 각막으로 들어오면서 각막의 초점 맞추는 일을 방해한다. 그 결과 눈은 사물의 초점을 제대로 맞추지 못하는 것이다.

무시무시한 건강 경고!

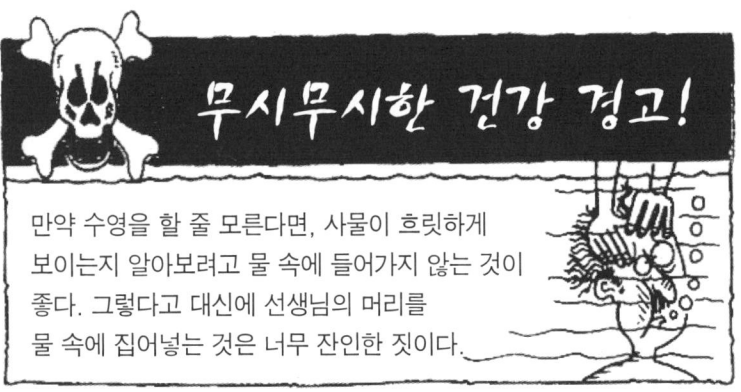

만약 수영을 할 줄 모른다면, 사물이 흐릿하게 보이는지 알아보려고 물 속에 들어가지 않는 것이 좋다. 그렇다고 대신에 선생님의 머리를 물 속에 집어넣는 것은 너무 잔인한 짓이다.

알쏭달쏭한 표현

안과 의사가 이렇게 물었다. 무슨 뜻일까?

> 답: 수정체 조정이죠. 눈의 앞쪽에 있는 수정체는 렌즈와 비슷한 방식으로 작용하여 망막에 상을 맺히게 합니다. 가까이 있는 물체를 볼 때 수정체는 두꺼워지고, 멀리 있는 물체를 볼 때는 얇아집니다. 그래서 마치 사진사처럼 이리저리로 움직이지 않고 서서도 멀리 있는 물체와 가까이 있는 물체를 번갈아 볼 수 있는 거다. 그러면 이제 시작해보자.

눈에 관한 문제라면 다음 부분을 자세히 보도록.

건강 상담 코너

매주마다 '사람 잡는' 선무당 박사가 건강에 관한 여러분의 질문에 답변을 해 드립니다. 이번 주의 주제는 **눈에 생긴 장애**입니다.

박사님,
　저는 축구 선심인데, 시력에 큰 문제가 있습니다. 전 어떤 선수가 오프사이드 위치에 있는지 없는지 도통 분간을 할 수가 없답니다. 그런데 오프사이드가 뭔지 설명을 드려야 할 것 같군요. 그러니까

▶ 뒤에 계속됨

우리편 선수가 내게 공을 차는 순간 상대편 골문과
나 사이에 상대편 수비수가 한 명도 없을 때, 나는
오프사이드 위치에 있다고 하고, 그것은 반칙으로 규정돼
있습니다. 그런데 저는 공격수가 오프사이드 위치에
있는지 없는지 판단하는 데 항상 애를 먹는답니다.
알다시피, 축구 선수들이 좀 빠릅니까? 그러니 혼란을
일으킬 만도 하죠. 그런데 잘못된 결정을 내리면
관중들이 난리죠! 생명에 위협을 받을 때도 있습니다.
좋은 방법이 없을까요? 저는
그만 은퇴해야 할까요?

헷갈려 선심으로부터

헷갈려 선심께,

　용기를 내세요. 당신의 시력은 정상입니다. 1998년, 에스파냐
마드리드의 눈 전문가들은 달리는 축구 선수에게 우리의 눈이
초점을 맞추려면 0.3초가 걸린다는 사실을 발견했습니다.
0.3초라면 그 동안에 선수는 2~3미터나 달릴 수 있지요.
그래서 어떤 선수가 오프사이드 위치에 있는지 판단하기란
어렵게 마련입니다. 당신의 부끄러운 비밀은 저를 포함해
이 신문의 20만 독자가 보장해 드릴 것이니, 걱정 마세요.

추신 : 그런데 관중들이 상대편 선수의 오프사이드 반칙을
어김없이 잡아 내는 걸 보면 정말 놀라지 않을 수 없습니다.

선무당 박사님,
 제 눈앞에는 항상 검은 점들이 어른거립니다. 저는 온통 점박이가 되고 마는 걸까요?

 주근깨 교사로부터

주근깨 선생님,
 선생님이 이야기하는 그 점들은 망막에 생긴 응혈 때문에 나타나는 것 같군요. 만약 시커먼 점이 크게 나타난다면, 그것은 망막에 손상이 생긴 것입니다. 어느 경우든, 빨리 의사 선생님을 찾아보는 게 좋겠군요. 그러면 즉시 문제를 해결할 수 있을 것입니다.

선무당 박사님,
 눈 가장자리 주변의 시력이 점점 나빠지고 있어요. 불빛을 바라보면, 불빛 주위가 마치 달무리처럼 흐릿하져 보입니다.
 오, 이럴 수가!
 제 눈에 환상이 보이는 걸까요?
 박사님의 고견을 꼭 들려 주세요.

 할렐루야 아줌마로부터

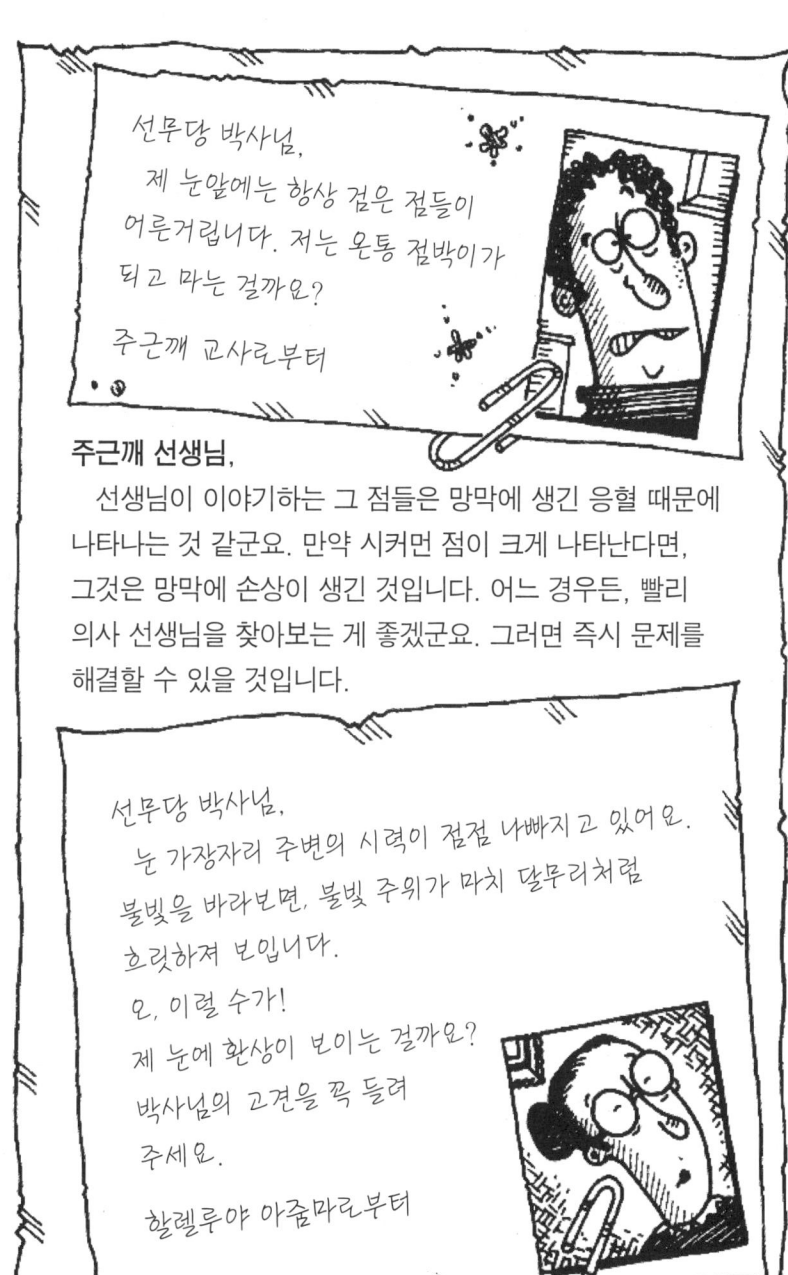

할렐루야 아주머니께,

 아주머니는 녹내장에 걸린 것 같군요. 홍채 뒤에 물컹물컹한 부분이 생기는 것이지요. 의사들도 잘 알지 못하는 어떤 이유 때문에 그러한 물질이 많이 생길 수 있답니다. 그것은 눈알 속에서 계속 축적되다가 바깥쪽으로 짓누르면서 시신경을 압박한답니다. 망막의 신경 신호를 뇌로 보내 주는 바로 그 신경 말입니다. 그러면 시력이 나빠지고 심하면 눈이 멀 수도 있어요. 그렇지만 너무 염려하진 마세요. 약물 치료를 통해 물컹물컹한 물질의 양을 줄일 수 있고, 시신경에 가해지는 압력을 줄일 수 있으니까요.
 이제 안심이 되나요?

선무당 박사님,

 제발 도와 주세요. 제 눈이 점점 멀어 가고 있는 것 같아요. 시력이 흐릿하고 침침해졌어요. 물체가 이중으로 보이기도 해요.
제 눈에 무슨 일이
일어나는 건가요?

희미해 소녀로부터

희미해 아가씨께,

　아가씨는 아마 백내장에 걸린 것 같군요. 수정체에 액체가 누적되면, 눈에 흐릿한 부분을 만드는 화학적 변화가 일어날 수 있답니다. 사물이 둘로 보이는 것은 두 개의 흐릿한 부분이 같은 물체에서 오는 빛을 굴절시킬 때 일어납니다. 다행히도, 백내장은 간단한 수술을 통해 치료할 수 있답니다.

추신 : 옛날부터 내려오는 민간 요법으로 따끈한 오줌을 눈에다 떨어뜨리는 것이 있지요. 그렇지만 이 방법은 절대로 쓰지 마세요. 아무 효과도 없을뿐더러 세균 감염의 위험이 있으니까요!

> 자, 그러면 다음 주를 기대하세요. 콧구멍에 문제가 있는 사람들을 위해 유익한 지면을 마련할 것입니다. 선무당 박사의 콧구멍 상담에 많이 응해 주세요.

　백내장을 일으킬 수 있는 요인은 아주 많다. 밖에 너무 오래 머물다가 태양에서 일어나는 핵폭발의 영향을 많이 받아 수정체가 손상을 입는 것도 한 원인이 될 수 있다.
　뭐라고?
　음, 그러니까 태양 말이다.
　다음 페이지로 넘어가기 전에 다음과 같은 것을 준비하는 게 좋을 것이다.

햇빛이 이글이글

우리는 모두 운이 좋은 사람들이다. 매일 공짜로 햇빛을 실컷 사용할 수 있으니까(시베리아의 눈보라 속에서 사는 사람들은 무슨 소리냐고 하겠지만). 그러나 비록 날씨가 잔뜩 찌푸려 있다 하더라도, 용기를 잃지 마라! 태양은 구름 위에서 여전히 밝게 빛나고 있으며, 빛과 열을 제공해 주고 있으니까.

태양은 단지 하늘에 떠 있는 거대한 빛 덩어리에 불과한 것이 아니다. 지구상의 모든 생명은 태양 덕분에 살아간다. 이 사실은 너무나도 기초적인 것이라서 외계인들도 알고 있다.

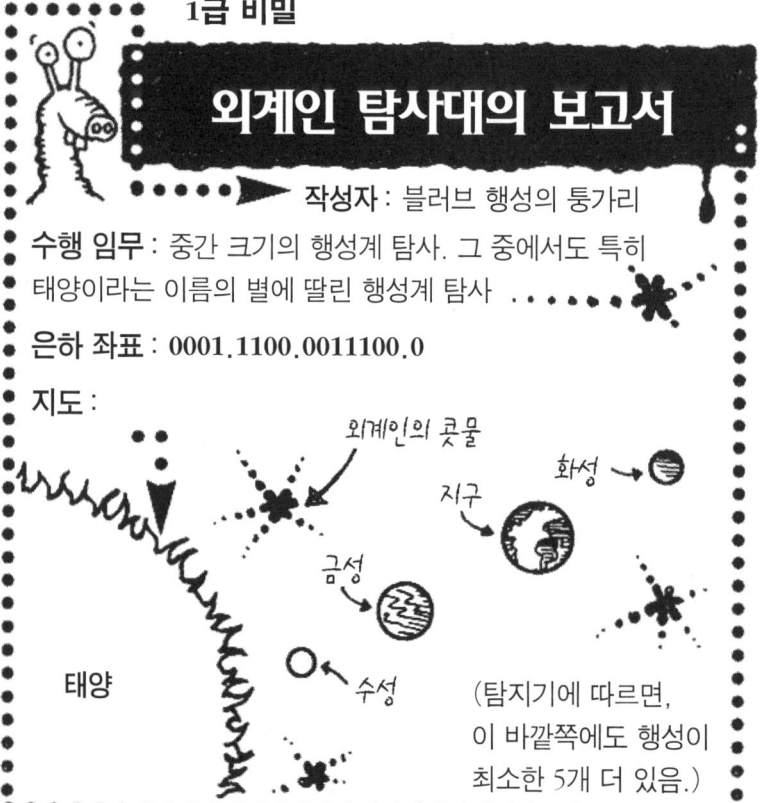

지능 생명체 :

사람이라는 종이 지구라는 행성에 아주 많이 존재함. 우리는 연구를 위해 한 명을 붙잡았는데, 그는 '과학 선생'으로 특별히 훈련 받았다고 함. 이 보고서에서 사용하는 행성들의 이름은 사람들이 사용하는 것을 따랐음.

과학 선생— "꺄아아, 외, 외-계-인이다!"와 같은 소리를 질러 댐.

별의 상태 :

태양은 나이가 45억 세로, 중년기에 접어들었다. 중심부의 온도는 약 1400만 °C이다. 원자핵들이 서로 융합하면서 광자들이 발생한다. 이런 종류의 별들에서 일반적으로 일어나는 현상이다.

행성 지구 :

이 행성은 태양계에서 생명이 살 수 있는 유일한 곳이다. 지구상의 생명체들은 태양에서 오는 빛에 의존해 살아간다.

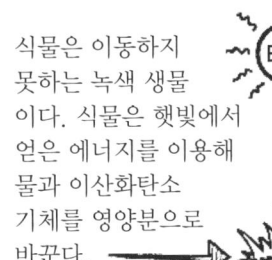

식물은 이동하지 못하는 녹색 생물이다. 식물은 햇빛에서 얻은 에너지를 이용해 물과 이산화탄소 기체를 영양분으로 바꾼다.

사람은 동물과 식물을 모두 먹는다.

동물은 마음대로 이동할 수 있는 생물로, 식물을 먹고 사는 놈과 다른 동물을 먹고 사는 놈이 있다.

탐지기의 분석에 따르면, 태양이 없다면 식물도 동물도 존재할 수 없으며, 사람들도 필요한 영양 물질, 즉 음식을 구하지 못해 모두 죽을 것이라고 함.

정복 가능성 :

행성 지구는 손쉽게 정복할 수 있는 곳이다. 그러나 과학 선생을 분석한 바에 따르면, 사람들은 지겨운 정보들을 주고받으면서 대부분의 시간을 낭비하는 것으로 드러났음. 블러브 인과 같이 높은 지능을 가진 우주인에게 지구상의 생명체들은 참을 수 없을 정도로 지겨운 존재일 수 있음. 그래서 우리는 납치한 과학 선생의 뇌에서 우리에 대한 기억을 지우고, 원래의 장소로 데려다 주었음.

하늘에서 일어나는 환상적인 쇼

태양이 일으키는 극적인 현상으로 일식이란 게 있다. 일식은 달이 태양을 가리는 바람에 그 그림자가 지구에 비쳐서 일어난다.

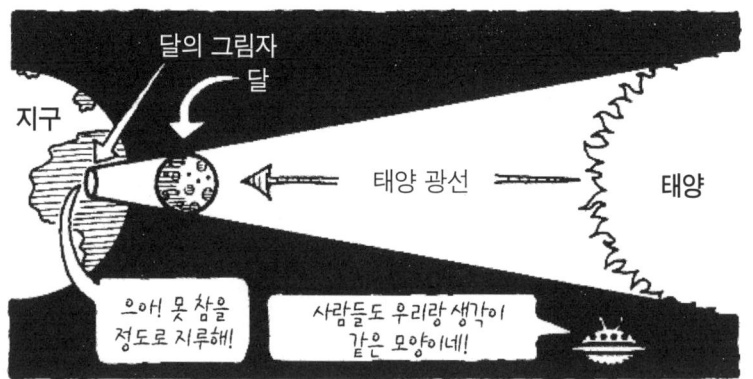

그건 벌써 알고 있다고? 그렇지만 옛날에는 그것을 알고 있는 사람이 얼마 없었다. 그래서 그들은 나름대로 일식을 해석하기 위해 이야기를 꾸며 내거나 의식을 치렀다.

1. 일식은 공포를 불러일으키기도 했다. 실제로 어떤 일이 일어나고 있는지 모른다면, 달이 태양을 삼키는 것처럼 보일 수도 있다. 고대 그리스의 작가 투키디데스(Thucydides ; 기원전 460~기원전 400)의 기록에 따르면, 기원전 6세기에 페르시아에서 벌어졌던 한 전투가 일식 때문에 중단되었다고 한다. 양측의 군대는 군사를 뒤로 물리고 한 달 후에 전투를 재개하기로 합의했다. 한 달 후라면, 사악한 마술의 기운이 다 사라질 것이라고 생각했기 때문이라나.

2. 중국 사람들은 용이 태양을 집어삼킨다고 생각하고서, 용을 쫓아 보내기 위해 징과 솥뚜껑 등을 요란하게 두들겼다.

3. 북아메리카의 원주민들은 태양에 다시 불을 붙이기 위해 하늘에다 대고 불화살을 쏘았다.

4. 남아메리카의 팜파스(대초원)에 살던 부족들은 일식 때 달의 여신이 들개들에게 물려 피를 흘리면서 어두워진다고 믿었다.
5. 아시아의 일부 타타르족은 먼 별에서 온 흡혈귀가 해와 달을 삼키는 것이라고 믿었다.
6. 많은 나라에서는 일식 때 질병이 퍼진다고 믿었다(물론 틀린 생각임). 알래스카의 유콘 부족은 이러한 이유에서 일식 때 항아리와 그릇을 덮었다. 1918년에 남아메리카에서 인플루엔자가 크게 번져 수천 명의 희생자가 나자, 그것이 일식 때문이라고 주장하는 사람들도 나왔다.

직접 해 보는 실험: 일식을 관찰하는 법

일식은 아주 드물게 일어난다. 지구상의 한 지점에서 일식이 일어나는 것을 관찰할 확률은 5년에 한 번 미만이다. 그래서 일식을 보려면 북극과 같이 아주 먼 곳까지 여행을 하지 않으면 안 된다. 만약 그러한 장소에 도착했다면, 눈을 상하지 않고 일식을 관찰하는 방법은 바로 다음과 같다.

※ **참고**: 자신이 사는 곳에서 가까운 시일 내에 일식을 볼 가망이 없다면, 여기서 소개하는 방법은 태양을 안전하게 관찰하는 데 사용해도 된다. 이 실험은 집에서 밝은 햇살 한 줄기가 비쳐 드는 곳에서 할 수 있다.

준비물: 햇빛, 한가운데에 바늘로 구멍을 낸 마분지 한 장(구멍은 완전히 동그랗고, 뻥 뚫려 있어야 함), 부드러운 종이 한 장, 줄자

실험 방법:
1. 해를 등진 채 선다.
2. 햇빛이 구멍을 통과해 종이에 비치도록 마분지를 위치시킨다. 종이는 마분지로부터 1 m 정도 떨어져야 한다.
3. 그러면 태양의 상이 지름 약 1 cm 크기로 나타날 것이다.

 **아주 중요한 건강 경고!**

일식이 일어나는 동안이라 하더라도 해를 쳐다보는 것은 아주 위험하다. 반드시 특수 보안경을 착용해야 하며, 그렇지 않을 경우 밝은 햇빛이 망막과 수정체의 세포들을 죽일 수 있다. 이것은 백내장을 일으키거나 눈을 멀게 할 수 있다. 사실, 어떤 밝은 빛이라도 직접 쳐다보는 것은 눈에 해롭다. 보호 안경을 착용하지 않은 용접공은 잠깐 동안(혹은 영원히) 눈이 멀 수 있다. 그러니 무모하게 그러한 짓을 하려 드는 것은 용감한 것이 아니라 무식한 것이다.

성급한 판단

이제 일식 관찰이 결코 쉽지 않으며, 심지어는 위험하다는 것을 알겠지? 그렇다면 워렌 드 라 뤼(Warren de la Rue ; 1815~1889)의 경험담을 들어 보자. 1860년, 영국 최고의 천문학자 존 허셜(John Herschel ; 1792~1871)은 이 겁없는 영국인 사진 작가에게 에스파냐의 리바베요사로 가서 과학적 사실을

증명하기 위한 일식 사진을 찍어 달라고 부탁했다.

"에스파냐에서 선탠을 즐기고, 사진 몇 장 찍는 게 뭐가 위험해요?"라고 묻는 사람이 분명히 있을 것이다.

그렇지만 1860년경만 해도 사진기는 아직 유치한 수준이었고, 해외 여행도 원시적인 수준이었다. 그러니까 그것은 아주 대단한 모험이었던 것이다. 워렌이 영국으로 보낸 편지가 남아 있다면, 아마도 이런 내용이 아니었을까….

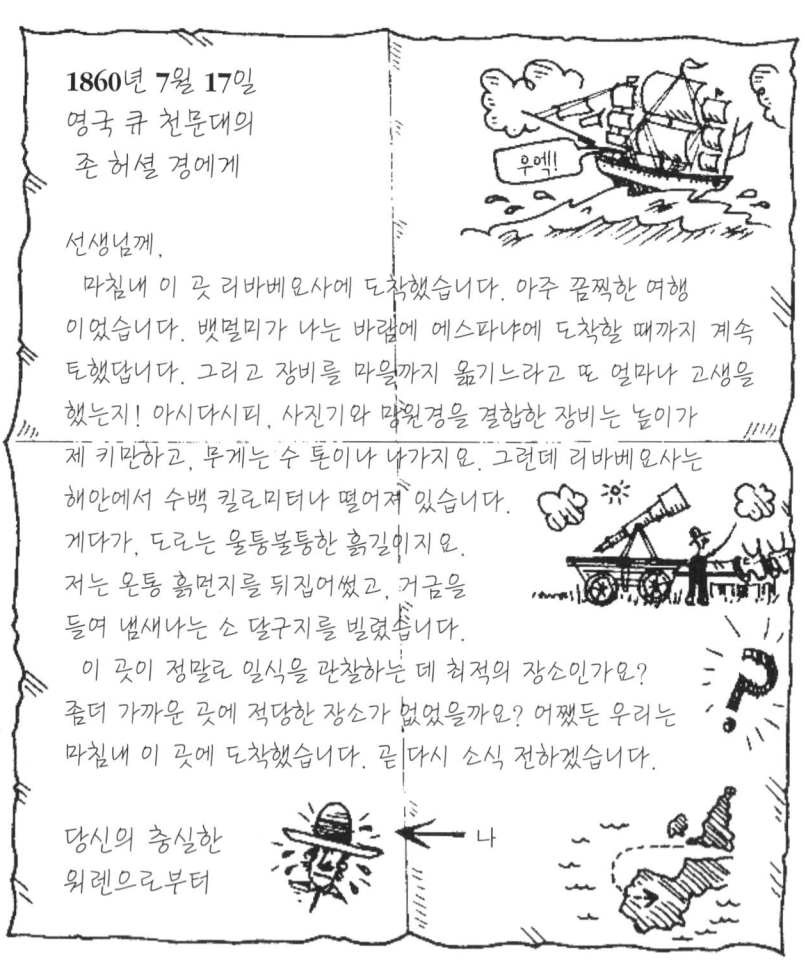

1860년 7월 17일
영국 큐 천문대의
존 허셜 경에게

선생님께,
　마침내 이 곳 리바베요사에 도착했습니다. 아주 끔찍한 여행이었습니다. 뱃멀미가 나는 바람에 에스파냐에 도착할 때까지 계속 토했답니다. 그리고 장비를 마을까지 옮기느라고 또 얼마나 고생을 했는지! 아시다시피, 사진기와 망원경을 결합한 장비는 높이가 제 키만하고, 무게는 수 톤이나 나가지요. 그런데 리바베요사는 해안에서 수백 킬로미터나 떨어져 있습니다.
게다가, 도로는 울퉁불퉁한 흙길이지요.
저는 온통 흙먼지를 뒤집어썼고, 거금을
들여 냄새나는 소 달구지를 빌렸습니다.
　이 곳이 정말로 일식을 관찰하는 데 최적의 장소인가요? 좀더 가까운 곳에 적당한 장소가 없었을까요? 어쨌든 우리는 마침내 이 곳에 도착했습니다. 곧 다시 소식 전하겠습니다.

당신의 충실한
워렌으로부터

1860년 7월 18일 오전 2시
영국 큐 천문대의
존 허셜 경에게

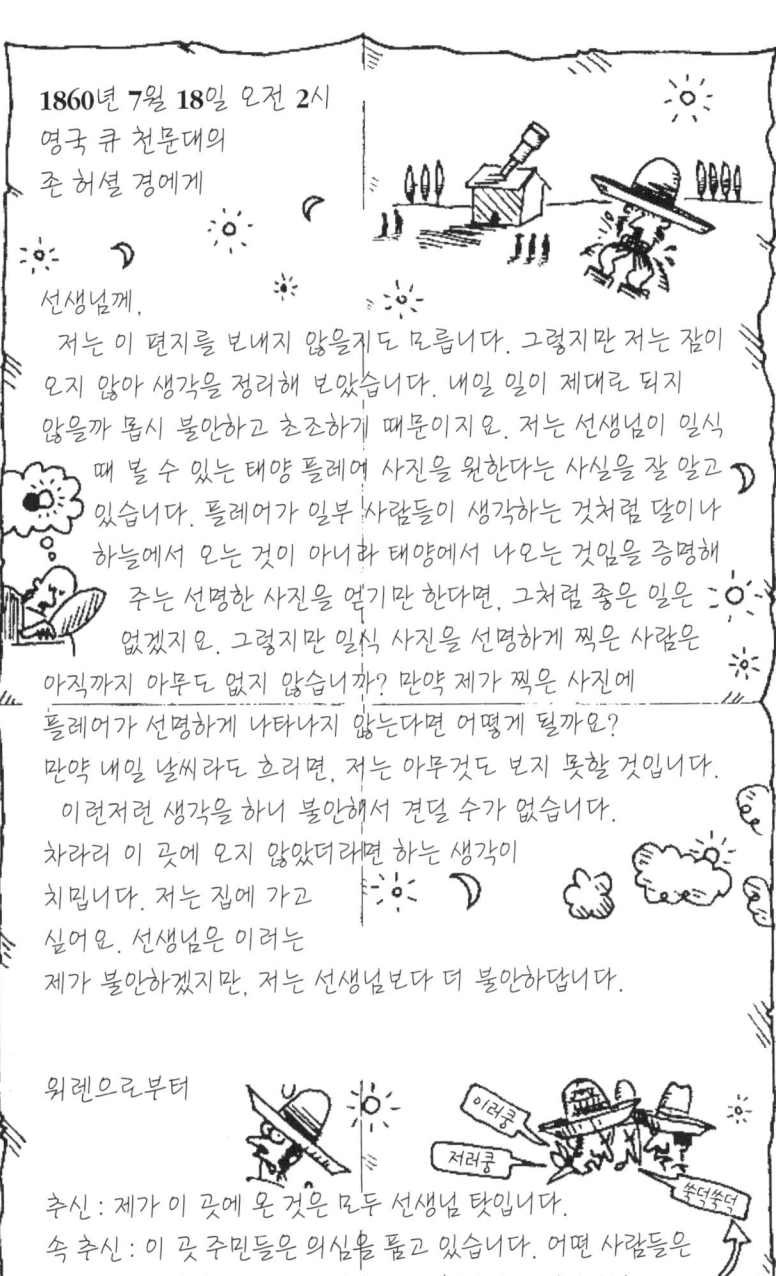

선생님께,
　저는 이 편지를 보내지 않을지도 모릅니다. 그렇지만 저는 잠이 오지 않아 생각을 정리해 보았습니다. 내일 일이 제대로 되지 않을까 몹시 불안하고 초조하게 때문이지요. 저는 선생님이 일식 때 볼 수 있는 태양 플레어 사진을 원한다는 사실을 잘 알고 있습니다. 플레어가 일부 사람들이 생각하는 것처럼 달이나 하늘에서 오는 것이 아니라 태양에서 나오는 것임을 증명해 주는 선명한 사진을 얻기만 한다면, 그처럼 좋은 일은 없겠지요. 그렇지만 일식 사진을 선명하게 찍은 사람은 아직까지 아무도 없지 않습니까? 만약 제가 찍은 사진에 플레어가 선명하게 나타나지 않는다면 어떻게 될까요? 만약 내일 날씨라도 흐리면, 저는 아무것도 보지 못할 것입니다.
　이런저런 생각을 하니 불안해서 견딜 수가 없습니다. 차라리 이 곳에 오지 않았더라면 하는 생각이 치밉니다. 저는 집에 가고 싶어요. 선생님은 이러는 제가 불안하겠지만, 저는 선생님보다 더 불안하답니다.

워렌으로부터

추신 : 제가 이 곳에 온 것은 모두 선생님 탓입니다.
속 추신 : 이 곳 주민들은 의심을 품고 있습니다. 어떤 사람들은 제가 마법의 힘을 지녔다고 믿습니다. 차라리 그랬더라면…

한편, 리바베요사의 주민들은 도대체 무슨 일이 일어나는 건지 궁금했다. 어린 소년의 눈에는 이 모든 일이 어떻게 비쳤는지 알아보자.

일식

페드로 쏨

학교에서 선생님께서 일식에 관해 이야기해 주셨지만, 마을 노인들은 일식이 질병과 재앙을 가져올 것이라고 말했다. 할아버지도 같은 생각이다. 땀투성이의 그 영국 사람은 마법의 기계를 가지고 있어서 원하는 만큼 오랫동안 해를 검게 만들 수 있다고 할아버지는 말씀하셨다. 일식이 일어나는 날, 날씨는 화창했다. 나는 일식을 보다 잘 보기 위해 할아버지와 함께 언덕 위로 올라갔다. 할아버지는 여전히 구시렁거리면서 일식은 결코 좋은 것이 아니라고 계속 말씀하셨다. 언덕 위에는 많은 사람들이 모여 있었다. 그 영국 사람도 이미 장비를 다 설치해 놓았다. 그 끝부분이 오두막 지붕 위로 대포처럼 삐죽 나와 있는 것을 볼 수 있었다.

일식이 일어나기 직전에 달이 태양에 가까이 다가가는 것이 보였다. 그러자 멀리서부터 무시무시한 어두운 그림자가 나타나기 시작했다. 그것은 달의 그림자였다. 그 어둠은 마치 폭풍처럼 언덕을 뒤덮었다. 모든 것이 우중충한 회색으로 변했다. 꽃들도 봉오리를 접고, 새들도 나무 위에서 꾸벅꾸벅 졸기 시작했다. 마치 저녁과 같은 기분이 들었고, 나도 하품이 나왔다.

"벌써 지겨운 게냐?" 할아버지가 물었다.

그 때, 무서운 일이 벌어지기 시작했.

할아버지

달이 조금씩 조금씩 해를 먹어 치우더니, 타오르는 시커먼 원반만 남는 것이 아닌가! 나는 머리털이 삐죽 섰다. 사방은 이미 캄캄한 밤으로 변해 있었고, 하늘에는 별들까지 나왔다.

할아버지 말씀이 맞는지도 모르겠다. 해가 영원히 사라져 버린 것은 아닐까? 나도 모르게 할아버지 손을 꼭 잡았다. 한편, 그 영국 사람은 미친 듯이 움직이고 있었다. 조수들에게 고래고래 고함을 지르는가 하면, 오두막 속으로 사라져 그 거대한 장비를 만졌다. 그가 뭐라고 중얼거리는 소리가 들려 왔다.

"주문을 외고 있는 게야." 할아버지가 말씀하셨다.

할아버지는 무릎을 꿇고 앉아 기도문을 외기 시작했다. 그러나 해가 나올 기미는 전혀 보이지 않았다.

도대체 해는 어디로 사라진 것일까?

그렇게 시간이 흘러갔다. 바로 그 때, 눈부신 빛이 염주 모양으로 나타났다. 마치 검은 달 주위에 다이아몬드 반지가 빛나고 있는 것 같았다. 모두들 환호성을 질렀다. 나도 팔딱팔딱 뛰면서 춤을 추고 있었다.

"오, 이건 기적이야!" 할아버지도 벌떡 일어서면서 소리쳤다.

곧 사방에 빛이 비치기 시작했다. 곧 태양은 다시 파란 하늘에서 밝게 빛나고 있었다. 일식은 괴기스러웠지만, 아주 멋지기도 했다. 아무도 아프지 않았고, 어떤 끔찍한 일도 일어나지 않았다. 일 주일에 한 번씩 일식이 일어났으면 좋겠다! 할아버지가 기타를 뜯으며 흘러간 고리타분한 노래를 부르는 걸 듣는 것보다 훨씬 낫다.

1860년 7월 18일 오전 4시
영국 큐 천문대의
존 허셜 경에게

선생님께,

이제 일이 다 끝났고, 저는 녹초가 되었습니다. 완전히 기진맥진한 상태입니다. 전 최선을 다했습니다. 35장의

사진을 찍었고, 그 중 두 장은 태양이 완전히 달에
가렸을 때 찍은 것입니다. 기대했던 것만큼 훌륭한
사진을 얻진 못했습니다. 사실은, 기대를 뛰어넘어 훨씬
훌륭한 사진을 얻었지요! 선생님이 원하는 모든 것이 다
찍혔습니다. 플레어도 아주 선명하게 나타나 있지요. 이 사진을
보면 플레어가 태양에서 나온다는 것이 명백합니다!
 이 놀라운 장소에 저를 보내 주신 것에 대해
선생님께 정말 깊은 감사를 드립니다. 마을
사람들도 다 좋은 사람들입니다. 이제 곧 모든
사람들이 참가하는 큰 축제가 벌어질 모양입니다.

워렌으로부터
추신 : 선생님도 이 곳에
왔더라면 더 좋았을 텐데요!

다른 과학자의 기록

에스파냐의 과학자 안헬로 세치(Angelo Secchi ; 1818~1878) 역시 일식 장면을 사진으로 찍었다. 세치는 워렌이 있던 장소에서 남동쪽으로 400km나 떨어진 곳에 있었지만, 그가 찍은 사진에도 워렌의 사진에 못지않게 플레어가 선명하게 나타나 있었다. 이것은 플레어가 분명히 태양에서 나온다는 것을 증명해 주는 결정적인 증거였다.

어둠의 비밀

일식 때 온 세상이 어두워지는 것은 달의 그림자가 지구를 덮기 때문이다. 고체 물체가 빛을 가릴 때에는 항상 그림자가 생긴다(브로켄 산맥에 올라간 사람이 구름에 '유령'을 만들어 낸 것도 바로 이 때문이다). 빛을 가리는 물질의 성질을 불투명하

다고 말한다. 그러면 불투명한 모양을 사용해 무시무시한 그림자들을 한번 만들어 볼까?

직접 해 보는 실험 : 그림자 속에 숨어 있는 것은?

준비물 : 연필, 가위, 검은색 카드 한 장(흰 종이를 검게 칠해도 된다), 철사 약간, 접착 테이프, 밝은 손전등, 밝은 색 벽이 있는 방

실험 방법 :
1. 검은 종이 위에 괴물 모양을 그린 다음, 가위로 오린다.
2. 괴물의 아랫부분에 철사를 접착 테이프로 붙여 손잡이를 만든다.
3. 캄캄해질 때까지 기다린 다음, 커튼을 치고 손전등을 켠다. 손전등은 벽에서 3 m쯤 되는 곳에 둔다.
4. 철사를 잡고 괴물 모양이 손전등과 벽 사이에 오도록 한다. 그러면 무시무시한 괴물이 벽에 나타날 것이다. 아, 계속하라. 집안을 엉망으로 만들었다고 엄마가 야단을 치더라도, 이것은 진지한 과학 실험이니까.

어떤 사실을 발견했는가?
a) 괴물 모양을 손전등에서 멀리, 그리고 벽에 가까이 가져갈

수록 벽에 비치는 그림자의 크기가 커졌다.

b) 괴물 모양을 손전등에 가까이 가져갈수록 더 많은 빛을 가려 벽에 비치는 그림자가 더 커졌다.

c) 손전등을 움직이면, 그림자는 반대 방향으로 움직이기 시작했다. 악! 살려 줘요! 그림자 괴물이 살아 있어요!

답 :

b) 괴물 모양을 불빛에 가까이 가져가면 그것은 더 많은 빛을 차단하게 된다. 그러면 벽에 더 큰 그림자가 나타난다. 그림자가 클수록 윤곽이 선명하지 못하고 흐릿하다. 이것은 손전등의 가장자리에서 나오는 불빛 중 일부가 괴물 모양의 반대쪽 가장자리를 지나 비치지만, 선명한 그림자를 만들 만큼 충분한 양은 아니기 때문이다.

무시무시한 건강 경고!

이 괴물 모양은 어린 동생을 겁먹게 하기에 아주 안성맞춤이다. 그러나 그게 나쁜 짓이라는 건 누구나 아는 일. 그러니 그런 유혹은 참을 수 있겠지? 설마?

이상한 별빛

물론 천문학자들은 햇빛만으로 만족할 사람들이 아니다. 그들은 별빛에도 열광하는 괴상한 사람들이다. 만약 천문학자가 되고 싶은 야심이 있는 사람은 망원경을 가지고 다음과 같은 관찰을 해 보도록.

별은 아주 멀리 떨어져 있다. 실로 어마어마하게 먼 거리에. 햇빛이 지구에 도착하려면 8분 20초가 걸린다고 했지? 그러나 별빛과 비교하면 그것은 눈깜짝할 사이에 불과하다. 가장 가까운 별인 센타우루스 알파의 별빛이 우리에게 도착하려면 약 4년이나 걸린다. 그렇지만 그것은 아무것도 아니다. 북반구에서 맨눈으로 볼 수 있는 가장 먼 천체는 안드로메다 은하이다. 지금 여러분이 보는 이 은하의 빛은 여러분이 태어나기 훨씬 전인 약 220만 년 전에 출발한 것이다.

천문학자는 별빛을 아주 중요하게 여긴다. 별빛이 없다면 별을 볼 수가 없으니까. 천문학자는 빛의 색을 분석해 별의 표면 온도를 알아 낼 수 있다. 예를 들면, 청백색 별의 표면 온도는 3만 °C이고, 붉은색 별은 비교적 낮은 2000 °C이다(물론 별의 기준에서 볼 때 낮다는 이야기이다. 지구에서 기록된 가장 높은 기온은 1917년에 미국 캘리포니아주의 데스밸리에서 기록된 49°C이다. 지구에서 이것보다 더 높은 기온이 기록되는 곳이 있다면, 그 곳은 그야말로 이름 그대로 죽음의 계곡이 되겠지).

별의 밝기는 또한 별까지의 거리를 계산하는 데에도 사용할 수 있다. 이 놀라운 사실은 미국의 천문학자 헨리에타 리비트(Henrietta Leavitt ; 1868~1921)가 발견했다.

> ★ 요건 몰랐을걸!
>
> 별에 색이 있다고? 사실이다! 그런데도 대부분 흰색으로 보이는 것은 별빛이 너무 희미하기 때문이다. 별빛은 우리 눈에 초당 500개 정도의 광자밖에 보내지 않는다. 이것은 빛을 감지하는 우리의 간상 세포가 겨우 별빛을 포착하는 정도에 그친다는 것을 의미한다. 그리고 간상 세포는 색을 분간하지 못한다고 했지?

나도 천문학자가 될 수 있을까?

여러분은 이런 노래를 들어 보았을 것이다.

반짝반짝 작은 별
아름답게 비치네.

그런데 별들은 왜 깜박거릴까?

a) 별빛이 켜졌다 꺼졌다 하기 때문에.

b) 별빛이 바람에 굴절되기 때문에.

c) 빠른 속도로 움직이는 구름이 별빛을 가리기 때문에.

답 :
b) 바람이 불면, 공기 중의 원자들이 아주 빠르게 다가 떨어져 따뜻한 공기가 차가워지기 때문에, 이 움직은 별빛이 지나가는 길에서 굴절(휘어짐)을 일으킨다. 별빛이 움직일 수 있다. 이 움직은 별빛이 지나가는 길에서 굴절(휘어짐)을 일으킨다. 별빛이 움직은 것처럼 보인다. 사실은, 별빛이 이리저리 굴절되기 때문에 깜박거리는 것이다. 눈에 들어오는 별빛이 위치가 약간씩 움직이는 것이다.

★ 요건 몰랐을걸!

별들을 보다 잘 관찰하고 싶다면, 도시에서 멀리 떨어진 시골에서 관찰하는 것이 좋다. 도시에서는 거리의 불빛과 광고 조명이 공기 중의 물 방울과 먼지에 반사되어 밤 하늘을 환하게 밝히고 있다. 이것은 깜박거리는 희미한 별빛을 가리는 효과를 나타낸다.

천문학자들에게는 불빛이 성가신 존재일지 모르지만, 어둠을 무서워하는 어린이들에게는 구세주나 마찬가지이다. 만약 여러분이 이 책을 저녁 무렵에 보고 있다면, 다음 장으로 넘어가기 전에 불을 켜는 것이 좋을 것이다.

다음 장에는 어둠 속에서 괴기스럽게 빛을 내는 공포스런 존재가 기다리고 있으니까!

오싹오싹 괴기스런 빛

이 장에서는 어둠 속에서 빛을 내는 것들에 대해 알아보겠다. 빛은 전구에서만 나는 것이 아니다. 누가 전기 스위치를 발명하기 훨씬 이전에, 그리고 어떤 똑똑한 친구가 불을 발견하기 훨씬 이전에, 저 세상에서 온 것 같은 괴기스런 존재들이 어둠 속에서 빛을 내고 있었다.

궁금하지? 그래, 섬뜩한 빛에 관한 사실들을 알아보자구.

진상 조사 X-파일: 괴기스런 빛

이름: 생물 발광

기초 사실: 1. 어떤 동물들은 빛을 만들어 낸다.
2. 그 동물들의 몸에서는 루시페린(luciferin : 발광소)과 루시페라아제(luciferase)라는 발광 효소가 만들어진다.
3. 루시페린은 그 동물의 핏속에 있는 산소와 결합해 빛을 낸다. 루시페라아제는 이 화학 반응의 속도를 빠르게 해 준다.

끔찍한 사실: 일부 세균들도 이러한 일을 한다. 일부 물고기는 이 세균을 먹는데, 세균은 물고기의 몸 속에서 살면서 물고기의 피부에서 빛이 나게 만든다.

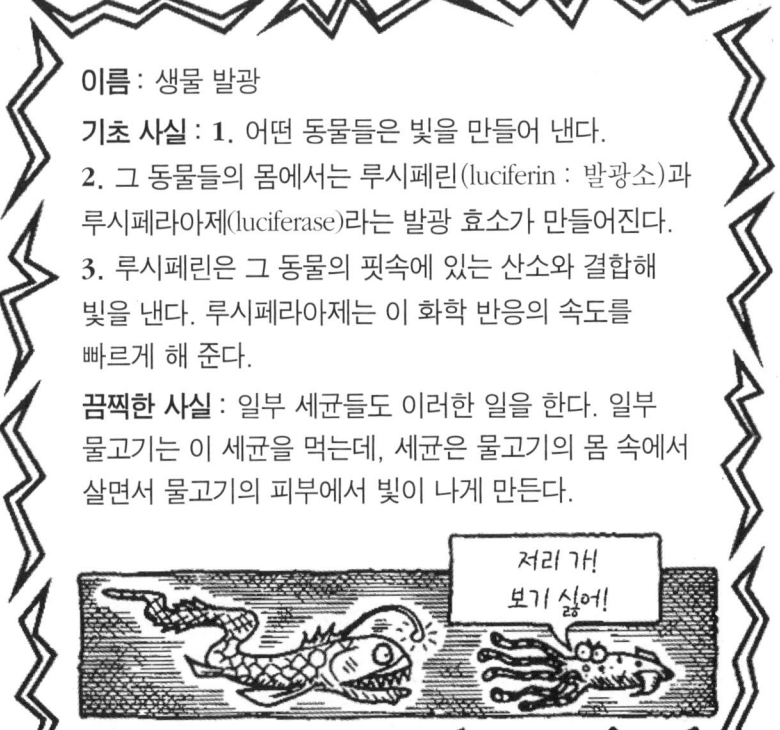

캄캄한 동물원의 으스스한 빛

동물들이 조명을 제공하는 세계 최초의
동물원에 오신 것을 환영합니다.

빗해파리

해파리처럼 생긴 동물.
길이 25~30 cm.

발견 장소 : 태평양과 대서양

빛의 용도 : 공격자를 겁주어 쫓는 데

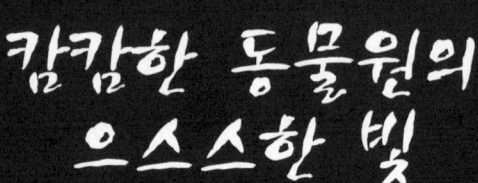

검정아귀

발견 장소 : 전세계의 깊은 바닷속

빛의 용도 : 다른 물고기를 사냥하는 데

가느다란 돌기 끝에 벌레처럼 생긴 덩어리(발광 세균이 가득 차 있음)가 달려 있다. 이것으로 작은 물고기들을 유인해 잡아먹음.

개똥벌레와 땅반딧불이

발견 장소 : 개똥벌레는 북아메리카를 비롯해 전세계에 살며, 땅반딧불이는 유럽에 산다. 이것들은 모두 딱정벌레의 일종이다.

빛의 용도 : 짝에게 신호를 보내는 데.

두 곤충 모두 배 부분이 빛난다 (여러분도 이런 걸 가지고 있다면, 자전거에 경광등을 달고 다닐 필요가 없겠지?).

개똥벌레

땅반딧불이

발광 플랑크톤

몸 길이 1 mm 미만인 작은 동물들은 요각류(橈脚類)라 부른다. 와(渦)편모충이라는 식물 플랑크톤도 발광 플랑크톤에 속한다.

요각류

발견 장소 : 모든 바다. 특히, 미네랄이 풍부한 곳.

빛의 용도 : 공격자를 겁주어 쫓는 데. 가끔 배에서 변기를 바닷물로 씻어 내릴 때가 있는데, 만약 발광 플랑크톤이 바닷물에 섞여 있다면, 변기가 어둠 속에서 빛날 것이다!

와편모충

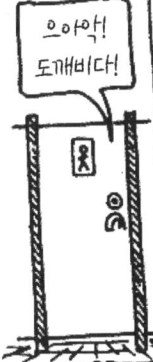

그 밖에도 우리 주위에는 다른 종류의 빛들이 많이 있다. 그 빛들은 동물들이 내는 것이 아니다. 어쨌든 살아 있는 동물에게서 나는 것은 아니다.

나도 과학자가 될 수 있을까?

때는 지금부터 200여 년 전. 지금 여러분은 캄캄한 밤중에 집으로 돌아가고 있다. 그러다가 용감하게도 공동 묘지를 지나가는 지름길을 택하기로 했다. 사방은 칠흑같이 어둡고, 갑자기 덜컥 무서운 생각이 든다. 그런데… 저기 저 무덤 뒤에서 피어 오르는 저 괴기스러운 불빛은 무엇인가? 저 불빛은 어떻게 생겨난 것일까?

a) 그것은 도깨비 불이다. 어서 달아나는 게 좋을걸.
b) 땅반딧불이들이 썩은 식물을 먹고 있는 것이다.
c) 썩어 가는 시체에서 발생한 기체이다.

답:
c) 옛날에사는 비로리아 시대 때 흔히 일어나이 들던 일이다. 공동묘지 표면 위에 이끼들이 자라고 있는 걸 종종 볼 수 있었다. 시체가 매장되면서 가스가 발생했다. 이 기체들은 때로 아주 환하게 빛나기도 한다. 운이 좋은 사람들은 공동 묘지 뒤로 도깨비불이 춤추는 것을 본 적이 있을 것이다.

★ 요건 몰랐을걸!

인은 어둠 속에서 자연적으로 빛을 내는 화학 물질이다. 인 원자는 광자들을 흡수했다가 서서히 방출하는 성질을 지니고 있다. 인과 같은 성질을 지닌 화학 물질은 공포 가면을 만드는 야광 페인트에 사용된다. 전깃불이나 양초가 없다면 공포 가면으로 대신해 보는 것도 괜찮겠지?

무시무시한 인공 조명

우리는 필요할 때 간단히 스위치를 눌러 불을 켜는 것을 당연하게 여긴다. 만약 전깃불이 없다면 여러분은 이 책을 읽지도 못할 테고, 그토록 하고 싶어 몸이 근질근질한 숙제도 못할 것이다. 그렇지만 지금 여러분이 전깃불이 발명되기 수백 년 전의 시대에 살고 있다고 상상해 보자. 겁내지 마라. 시체에서 나오는 가스 불빛을 사용하라고 하진 않을 테니까. 그렇지만 다른 방법들은 실제로 무시무시한 것일 수도 있다.

캄캄한 주변을 환히 밝혀 주는 휘황찬란한 불빛

홈 쇼핑 카탈로그

낭만적인 촛불

고대 이집트 시대부터 사용돼 온 구세계 양초로 집 안을 밝혀 보세요. 정말 탁월하고 현명한 선택입니다.

그런데 성냥이 발명되려면 3500년이나 기다려야 한다고?

뒤에 계속됨

오랜 전통의 수지 양초

▶ 죽은 소나 양, 말의 콩팥 주위에 있는 지방 덩어리를 끓여 만듭니다.

유의 사항
수지 양초는 냄새가 나고 기름이 묻기 쉽습니다. 불도 쉽게 꺼지고, 냄새가 너무 지독해서 서인도 제도 어느 지방에서는 귀찮은 벌레들을 쫓는 데 이것을 사용한답니다.

여보, 수지 양초가 다 떨어졌어!

불꽃에서 나온 열이 지방을 녹인다.

불꽃이 지방을 태운다.

심지가 지방을 빨아 올린다.

▶ 밀랍은 아주 훌륭한 대체품이랍니다. 벌의 몸에서 분비되어 유충들이 사는 집을 만드는 데 사용되는 정말 멋진 물질이지요.

현대적인 석랍 촛불

▶ 석유로 만듭니다.
▶ 아주 밝은 불꽃을 내며 탑니다.

유의 사항
화재의 위험은 여전하며, 촛농이 여기저기 떨어져 지저분하게 만들 수 있습니다. 그리고 심지를 가끔씩 잘라 주지 않으면, 불꽃이 희미해지거나 깜박일 수 있습니다.

죄송해요, 엄마. 엉망이 되어 버렸네요.

크르르! 뜨거운 맛을 각오해라.

경이로운 아크등

영국의 험프리 데이비
(Humphrey Davy ; 1778~1829)
가 1808년에 발명함.

아크등은 양초를 사라지게 했지요.

▶ 전류가 두 탄소 막대 사이의 간격을 건너다니며 빛을 냅니다 (불빛이 날 때 두 탄소 막대 사이의 간격을 항상 일정하게 유지

하도록 해야 합니다. 그렇지 않으면 탄소 막대가 녹거나 불빛이 꺼져 버립니다).

← 빛을 내는 탄소 막대
전류

유의 사항 : 이 불빛은 화재의 위험이 높습니다. 또, 양초를 4000개 켜 놓은 것보다 더 밝기 때문에 여러분의 눈을 멀게 할 수도 있습니다. 그래서 가장 적당한 사용처는 등대였지요. 그러니까 여러분의 집이 등대가 아닌 이상은 이 불빛을 사용하라고 권하고 싶진 않습니다.

가스등

1792년에 스코틀랜드의 발명가 윌리엄 머독(William Murdock ; 1754~1839)이 석탄을 엄마의 차주전자에 넣고 가열하는 실험을 하다가 발명했음.

석탄 가스가 타면서 나는 화염

가스를 공급하거나 차단하는 스위치

유의 사항
가스를 집으로 끌어오기 위해서는 관을 설치해야 합니다. 게다가, 가스는 독성이 있으며, 여러분의 집을 날려 버릴 위험도 있습니다. 또, 불이 탈 때에도 연기가 나거나 냄새가 납니다.

오늘날의 놀라운 전깃불

오늘날에는 모든 것이 훨씬 밝아졌습니다. 밤에 도시의 거리로 나가 보세요. 어느 거리에서나 나트륨등이나 수은등을 보게 될 것입니다. 이들이 빛을 내는 방식은 거의 똑같답니다.

전류가 관을 통해 흐른다. 기체 원자들이 에너지를 얻어 빛을 방출한다.

관을 통해 흐르는 또 다른 것

★ 요건 몰랐을걸!

1. 형광등도 거의 똑같은 원리로 빛을 낸다. 여러분의 학교나 가정에도 형광등 몇 개는 반드시 있을 것이다. 형광등은 전류의 미소한 변화에 반응하여 아주 빠른 속도로 깜박거린다. 그 깜박임을 보기는 매우 어렵지만, 여러분의 눈에서 뇌로 전달되는 신경 신호에 영향을 미친다. 어떤 과학자들은 이것이 사람의 기분을 나쁘게 만든다고 생각한다. 그렇다면 혹시 여러분의 선생님도 그 영향으로? 직접 물어 보고 싶은 사람 없어?

2. 어떤 사람들은 갑자기 밝은 빛이나 햇빛에 노출되면 재채기를 한다. 과학자들도 이 흥미로운 현상을 제대로 설명하지 못한다. 그것은 아마도 눈을 보호하기 위한 신체 반응인지도 모른다. 재채기를 할 때, 우리는 무의식중에 눈을 감으며, 그럼으로써 밝은 빛을 차단할 수 있다. 따라서, 이 반응은 결코 우스꽝스러운 것이 아니다.

놀라운 발명품―전구

마침내 획기적인 발명품이 나왔다. 그것은 바로 전구였다. 미국인들은 토머스 에디슨(Thomas A. Edison ; 1847~1931)이 전구를 발명한 것으로 알고 있지만, 어느 정도 교육을 받은 영국인들은 영국의 발명가 조지프 스완(Joseph Swan ; 1828~1914)이 전구를 발명한 것으로 알고 있다. 그렇다면 과연 어느 쪽이 진실일까?

이 책을 계속 읽으면, 그 진실을 발견할 수 있다.

토머스 에디슨의 일기

새로운 종류의 불빛에 대해 기막힌 아이디어가 떠올랐다. 가느다란 철사를 통해 전류를 흘려 보내기만 하면 된다. 철사는 전기의 흐름을 늦춘다. 전류가 느리게 흐르면서 철사가 가열되어 빛이 난다. 아주 단순하면서도 너무나도 훌륭한 아이디어이다 (내가 발명한 건 다 그렇지만).

음, 그렇지만 전구 안에서 공기를 빼내는 게 좋겠다. 그렇지 않으면 철사가 가열되었을 때 불이 날 수 있으니까. 공기가 없으면 불이 날 수 없다. 그렇지?

가느다란 철사
공기는 철사를 불붙게 만든다.
전기

매일 떠오르는 태양 일보
1878년 9월 1일

세상에 빛이 있으라!

천재 발명가 토머스 에디슨이 전구를 발명하여 세상을 환히 밝히게 되었다. 이 소식에 이미 전기 회사들의 주가가 치솟고 있다. 그렇지만 에디슨은 아직까지 단 하나의 전구도 만들지 않았다. 천재 발명가 에디슨은 포노그래프(음악을 들을 때 사용하는 새 기계)를 발명한 것으로 이미 명성을 떨친 바 있다.

그리고 이제 그는 새로운 빛을 만드는 데 손을 댄 것이다!

토머스 에디슨

1879년 1월 21일
제발 이 불빛이 제대로 켜졌으면! 그러면 곧 모든 가정에 전구가 하나씩 달리게 될 것이다. 어쩌면 두 개씩

달릴지도 모르지. 그러면 그게 다 돈이 아니냐!
그렇지만 이 모든 일이 수포로 돌아간다면….
전구에서 불이 나갈 때까지 뚫어지게 바라보다가
눈을 다쳤다. 갈수록 작업이 힘들어지고 있다!
  탄소 필라멘트는 아주 잘 탄다. 그렇지만 내가 가진
펌프 장비는 전구 속에서 공기를 충분히 빼내지 못하는
것 같다. 그래서 나는 대신에 백금선을 사용해
보았지만, 그것은 녹아 버렸다. 그래서 나는 백금이
너무 뜨거워지면 전기를 차단하는 스위치를
만들었지만, 불빛이 계속 깜박거렸다. 할 수 없지.
처음부터 다시 시작하자. 내가 좋아하는 말이 있지.
"발명은 99%의 땀과 1%의 영감으로 이루어진다."

1879년 4월 1일
  내가 땀에 대해 이야기했던가? 나는 지금 식은땀에 젖어
있다. 사실대로 말하자면, 나는 지금 곤경에 처해 있다. 고무,
낚싯줄, 나무 등 수천 가지의 물질을 실험해 보았다. 지금
우리는 사람의 털을 가지고 실험하고 있다. 조수 두 사람이
털을 제공하겠다고 나섰다. 존 크루에슬리는 턱수염을,
매켄지는 구레나룻을 내놓았다.

  우리 연구진은 모두 흥분했으며, 누구의 털이 타지 않고
오랫동안 버틸 수 있는지 내기를 걸기까지 했다.

몇 시간 뒤…
　매켄지의 털이 아직도 빛을 내고 있다! 그런데 전류가 꺼진 것같이 전구가 너무 흐릿해 아무 쓸모가 없을 지경이다. 제기랄! 누군가가 내기에 이기기 위해 속임수를 쓴 것은 아닐까 의심스럽다. 나는 이러한 실패들을 견딜 수가 없다. 이러한 너절한 이야기들을 신문들이 쓰지 말아야 하는데! 나는 이 문제를 해결하지 못하고, 역사 속에서 별 볼 일 없는 인물로 사라져 갈지 모른다.

1879년 10월 1일
　지난 밤 내내 사무실에 앉아 있다가 갑자기 내 머릿속에 밝은 전구가 켜지는 걸 느꼈다. "오, 제발! 전구는 이제 그만!" 하고 나는 신음했다. 그러다가 내 머릿속의 그것은 진짜 전구가 아니라, 뇌파라는 걸 깨달았다. 쉽게 말하자면, 영감이 떠오른 것이다! 태워서 탄화된 무명실이 그토록 찾던 답일지 모른다는 생각이 떠올랐다.
　그래! 마술의 물질은 탄소가 분명해. 탄소는 약 3500도라는 아주 높은 온도에서 녹는다. 또, 이제 나는 성능이 더 좋은 공기 펌프를 구입했으므로, 탄소가 타 버리는 일은 없을 것이다. 그리고…음, 그러니까 무명실에 대한 영감이 떠오른 것이다.
　그러나 과연 그것이 제대로 빛을 낼 수 있을까???

1879년 10월 21일

울고 싶어라. 나는 4일 동안 1초도 쉬지 않고 무명실 필라멘트를 만들려고 했다. 하나를 만들 때마다 몇 시간이 걸렸다. 그렇지만 그것들은 마지막 순간에 부서져 버리곤 했다. 태운 무명실이 너무 얇고 약하기 때문이다. 자, 이것이 세 번째다. 아, 가슴이 두근거린다. 스위치를 올려 새 전구에 전류를 통해 준다.
  아, 빛을 낸다….
  그러나 얼마나 오래 버틸까?
  계속 빛나고 있다. 오, 제발….

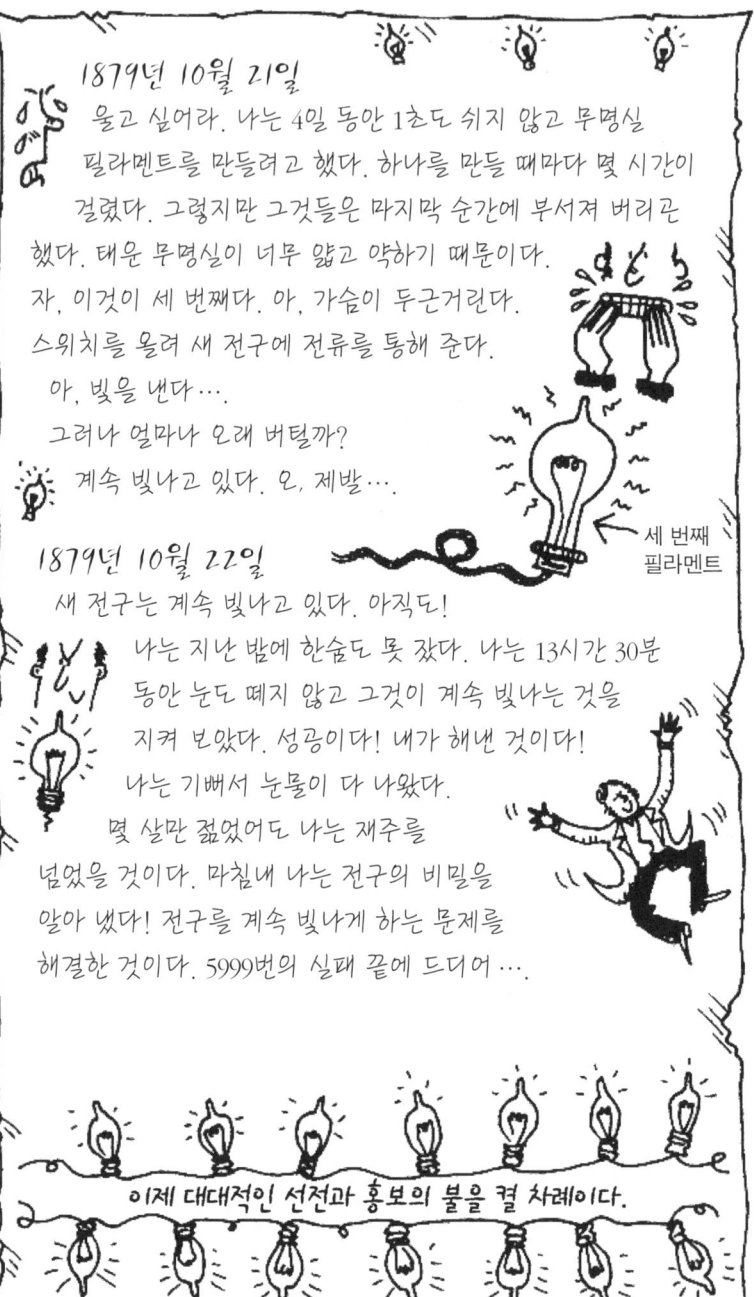

← 세 번째 필라멘트

1879년 10월 22일

새 전구는 계속 빛나고 있다. 아직도!
  나는 지난 밤에 한숨도 못 잤다. 나는 13시간 30분 동안 눈도 떼지 않고 그것이 계속 빛나는 것을 지켜 보았다. 성공이다! 내가 해낸 것이다!
  나는 기뻐서 눈물이 다 나왔다.
  몇 살만 젊었어도 나는 재주를 넘었을 것이다. 마침내 나는 전구의 비밀을 알아 냈다! 전구를 계속 빛나게 하는 문제를 해결한 것이다. 5999번의 실패 끝에 드디어….

이제 대대적인 선전과 홍보의 불을 켤 차례이다.

매일 떠오르는 태양 일보

1879년 12월 31일

영광의 불꽃

새로운 발명품을 사람들 앞에 선보인 영웅적인 발명가 토머스 에디슨은 자부심에 가득 차 있었다.

수천 명이 지켜 보는 가운데 그는 새로 발명한 전구 3000개로 온 동네 전체를 환히 밝혔다. 각각의 전구는 마치 햇빛을 내보내는 구처럼 밝게 빛났다. 이제 더 이상 사람들이 어둠 속에서 헤매는 일은 없으리라.

토머스 에디슨은 우리 나라의 가장 모범적인 영웅이다! 그렇지만 벌써 전구 14개가 꺼진 것은 몹시 안타까운 일이다.

여러분도 이제 자기만의 전구를 가질 수 있습니다. 개당 단돈 50달러에!

주의 사항

전구에 불이 들어오게 하려면 여러분의 집에 전기를 연결해야 합니다. 에디슨 씨는 한두 해 안에 전기 공급 체계를 갖추고 운영할 계획입니다.

꼭 알아두어야 할 공지 사항

에디슨의 전구에 불을 밝히려면 스위치만 올리면 됩니다. 절대로 성냥으로 불을 붙이려고 하지 마세요.

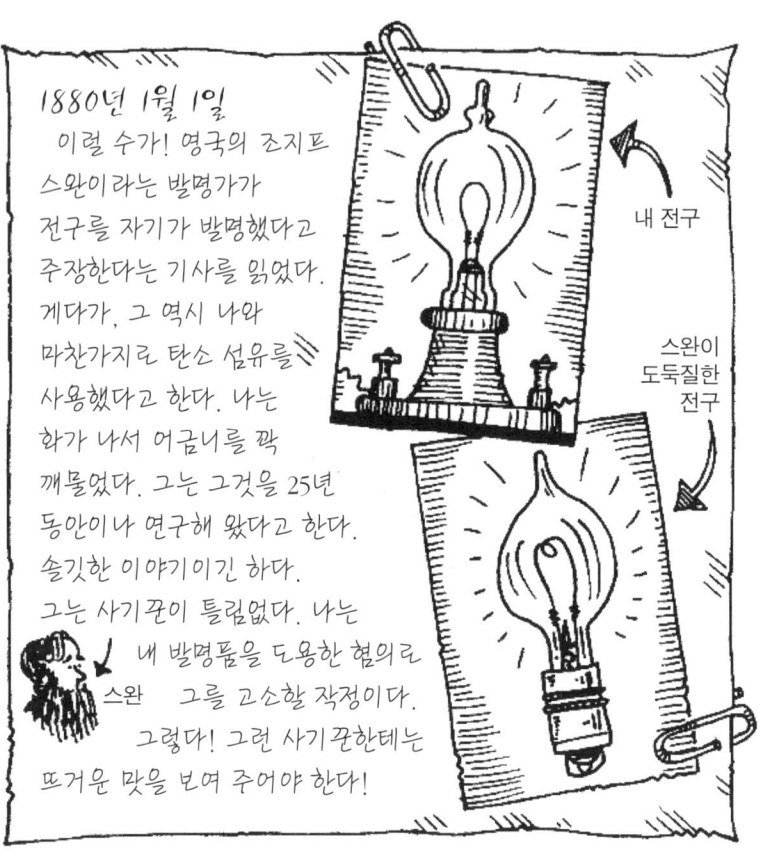

1880년 1월 1일

이럴 수가! 영국의 조지프 스완이라는 발명가가 전구를 자기가 발명했다고 주장한다는 기사를 읽었다. 게다가, 그 역시 나와 마찬가지로 탄소 섬유를 사용했다고 한다. 나는 화가 나서 어금니를 꽉 깨물었다. 그는 그것을 25년 동안이나 연구해 왔다고 한다. 솔깃한 이야기이긴 하다. 그는 사기꾼이 틀림없다. 나는 내 발명품을 도용한 혐의로 그를 고소할 작정이다. 그렇다! 그런 사기꾼한테는 뜨거운 맛을 보여 주어야 한다!

스완

내 전구

스완이 도둑질한 전구

그러나 영국 법원은 스완이 정말로 에디슨보다 앞서 전구를 만들고 있었다는 사실을 확인했다. 스완은 인조 실크도 발명한 재능 있는 화학자였다. 그는 1879년 2월에 성공적인 탄소 필라멘트 전구를 만들었다. 그러나 그는 다른 사람들이 그것을 모방할 것이라고 생각하여 특허를 신청하지 않았다.

여러분이 에디슨이라면, 그 다음에 어떤 행동을 취했을까?

a) 스완에게 전구를 만들지 말라고 부탁하면서 100만 달러를 준다.

b) 스완의 것보다 훨씬 값싼 전구를 만들어 그를 파산시킨다.

c) 함께 협력하자고 제안한다.

> 답:
> ㄷ) 1883년에 에디슨과 스완은 함께 회사를 설립했다. 훗날, 에디슨
> 식품회사 제과부에서 1880년 에디슨 대머리를 테마로 탄 쿠키세트
> 가 출시돼 수많은 어린이 팬들의 사랑을 받았었다.

선생님의 실력을 테스트해 보자

자, 여러분의 선생님을 무대에 올릴 기회가 왔다. 전구를 최초로 발명한 사람이 누구냐고 질문을 던져 보라. 뭔가 좀 아는 선생님이라면, 에디슨이나 스완의 이름을 댈 것이다. 그러면 여러분은 측은하다는 표정으로 고개를 가로저으면서 이렇게 말하라.

과학에서 종종 일어나는 일이지만, 더 깊이 파고들수록 답이 점점 더 복잡해진다. 스완이나 에디슨보다 먼저 탄소 필라멘트 전구를 만든 발명가가 여럿 있었다. 예를 들면, 스코틀랜드의 발명가 제임스 보먼 린드세이(James Bowman Lindsay)도 1835년에 그러한 전구를 만들었다. 그러나 그는 많은 사람들에게 그 이야기를 하지 않았다. 사실, 그는 새 발명품이 엄청난 돈을 벌어 주리라고는 생각지 못했다. 그리고 과학자들은 에디슨이 맨 처음에 만든 전구를 계속 개량시켰다. 그래서

오늘날의 전구가 발명되기까지는 아주 많은 과학자들의 손을 거쳤다….

더 멋진 아이디어

오늘날의 전구는 텅스텐 코일로 만든 필라멘트를 사용하고, 전구 속에는 아르곤 기체를 채운다. 아르곤은 공기 중에 아주 적은 양이 존재하는 무해한 기체이다.

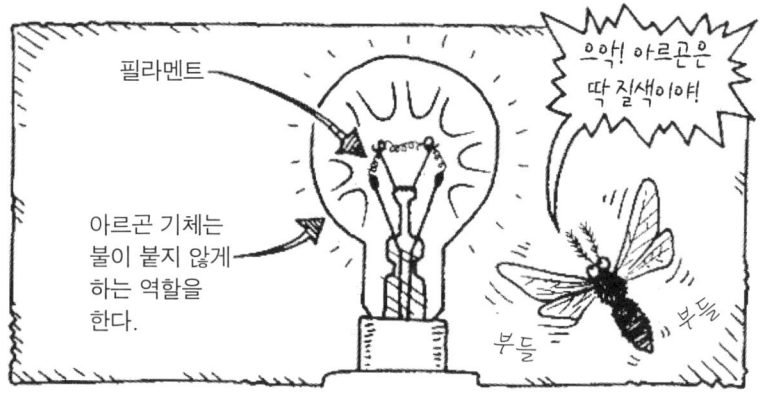

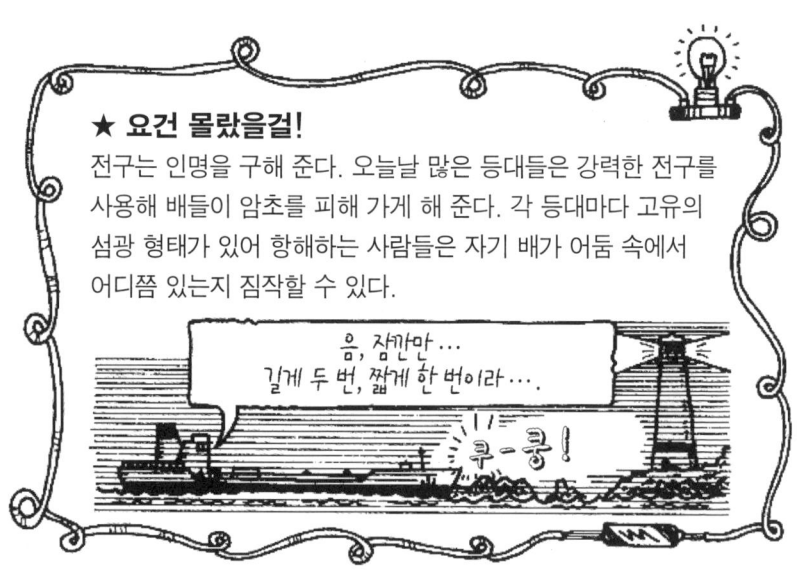

★ 요건 몰랐을걸!
전구는 인명을 구해 준다. 오늘날 많은 등대들은 강력한 전구를 사용해 배들이 암초를 피해 가게 해 준다. 각 등대마다 고유의 섬광 형태가 있어 항해하는 사람들은 자기 배가 어둠 속에서 어디쯤 있는지 짐작할 수 있다.

오늘날 필라멘트에 사용되는 내열 텅스텐선은 미국의 윌리엄 쿨리지(William D. Coolidge; 1873~1975. 숫자가 잘못된 게 아니냐고? 그는 실제로 102세까지 살았다)가 개발했다. 그리고 전구 속에 기체를 집어넣는 아이디어는 미국의 어빙 랭뮤어(Irving Langmuir; 1881~1957)가 생각해 냈다.

물론 전구는 그 밖에도 많은 곳에 사용된다. 여러분도 몇 개 가지고 있을걸? 자전거의 전조등이나 손전등에도 전구가 있으니까.

그것들 중 아무것이나 하나 골라 자세히 살펴보라. 그러면 여러분은 놀라운 조명 장치를 또 하나 발견하게 될 것이다. 무엇인지 알겠는가? 그것은 바로 거울이다. 거울은 전구에서 나오는 빛을 반사시켜 여러분이 원하는 방향으로 나아가게 해 준다. 공포 분위기가 넘치는 다음 장에서 여러분은 많은 거울을 만나게 될 것이다.

무시무시한 반사

딱딱하고 광택이 나며, 그 속에서 자기 얼굴을 볼 수 있는 게 뭐게?

선생님 대머리라고? 그런 썰렁한 퀴즈가 아니다.

정답은 거울! 빛이 거울에 부딪칠 때 놀라운 일이 일어난다. 빛은 거울에 부딪친 다음, 되튀어 나오는데, 이것을 우리는 반사라 부른다. 오, 이쯤은 벌써 알고 있다고? 그렇다면 이것도 알아 두도록. 반사는 광학에서 아주아주 중요하다. 그리고 반사는 전혀 생각지도 못한 장소에서 불쑥 튀어나오곤 한다.

그렇다면 다음 퀴즈로 머리를 식혀 볼까?

반사에 관한 즉석 퀴즈

반사는 다음과 같은 것들을 도와 준다.
1. 어둠 속에서 도로 표지판을 빛나게 하는 데. 참/거짓
2. 하늘에서 구름을 빛나게 하는 데. 참/거짓
3. 텔레비전에 영상을 나타나게 하는 데. 참/거짓
4. 조개가 앞을 보는 데. 참/거짓

5. 의사가 여러분의 눈알 속을 들여다보는 데. 참/거짓
6. 신기루를 나타나게 하는 데. 참/거짓
7. 천문학자들이 우주에서 블랙 홀을 찾아 내는 데. 참/거짓
8. 눈이 여러분의 눈을 멀게 하는 데. 참/거짓

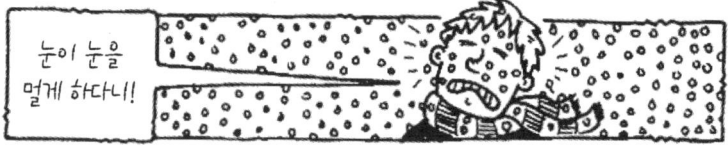

답 :

1. 참. 야광 표지판이나 묘안등과 같은 야간 반사 장치에는 작은 거울이 있다. 그 거울이 자동차 불빛을 반사하는 것이다. **2.** 참. 구름은 햇빛을 반사한다. 구름이 흰색으로 빛나는 것은 그 때문이다. 지상에서 볼 때 비구름이 시커멓고 어두운 것은 보통 구름보다 훨씬 두꺼워서 대부분의 햇빛을 위쪽으로 반사시키기 때문이다. 해가 지고 난 다음에도 빛을 내는 구름이 있는데, 그것은 구름이 아주 높이 떠 있어서 서산 너머로 진 햇빛을 반사하기 때문이다. **3.** 거짓. 텔레비전 속에는 거울 같은 건 없다. **4.** 참. 가리비는 조개의 일종인데, 눈 속에 아주 작은 거울들이 들어 있다. 즉, 각각의 눈에는 반짝이는 결정층이 있어 빛을 눈 안쪽의 세포들로 반사시킨다. 이 사실은 현미경으로 조개를 관찰하던 한 과학자가 우연히 발견했다. 그는 100개나 되는 가리비의 섬뜩한 눈들에 자기 얼굴이 반사된 것을 보았던 것. **5.** 참. 의사는 여러분의 눈을 들여다보기 위해 검안경이라는 기구를 사용한다. 검안경은 빛을 오목 거울에 반사시켜 그 빛이 여러분의 눈에 초점을 맞추도록 한다. 그런 다음, 의사는 거울 중간 부분에 있는 구멍을 통해 여러분의 눈을 들여다보면서 신경과 혈관을 검사한다. **6.** 거짓. 신기루는 굴절에 의해 일어난다(굴절이 뭔지 잊어버렸다고? 빛이 구부러지는 것이라고 했잖아!). **7.** 거짓. 빛은 블랙 홀에서 빠져 나올 수 없다. 따라서, 거울을 어떻게 사용하더라도 블랙 홀을 볼 수는 없다. **8.** 참. 눈은 빛을 잘 반사하기 때문에 밝은 햇빛 아래서 눈을 너무 오랫동안 바라보면 눈이 멀 수도 있다. 스키를 타는 사람들이 보호 안경을 쓰는 것은 이 때문이다. **9.** 참. 여기에 사용하는 관을 내시경이라 하는데, 내시경의 기본 구조는 두 가닥의 광섬유로 이루어져 있다. 한 가닥은 한쪽 끝에 있는 광원으로부터 몸 속으로 빛을 보낸다. 그러니까 여러분의 목을 통해 횃불을 집어넣는다고 상상하면 된다. 그리고 의사는 다른 가닥을 통해 여러분의 몸 속을 들여다본다. 마침 광섬유 이야기가 나왔으니 말인데….

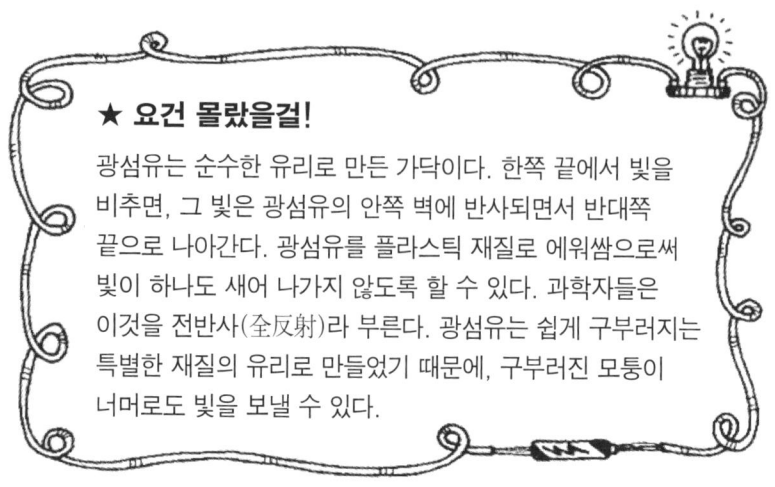

★ 요건 몰랐을걸!

광섬유는 순수한 유리로 만든 가닥이다. 한쪽 끝에서 빛을 비추면, 그 빛은 광섬유의 안쪽 벽에 반사되면서 반대쪽 끝으로 나아간다. 광섬유를 플라스틱 재질로 에워쌈으로써 빛이 하나도 새어 나가지 않도록 할 수 있다. 과학자들은 이것을 전반사(全反射)라 부른다. 광섬유는 쉽게 구부러지는 특별한 재질의 유리로 만들었기 때문에, 구부러진 모퉁이 너머로도 빛을 보낼 수 있다.

그래, 이제 반사가 어떤 일들을 하는지 대충 알았지? 그런데 직접 반사를 일으켜 보고 싶다면 어떻게 하는 게 좋을까?

진상 조사 X-파일: 거울과 반사

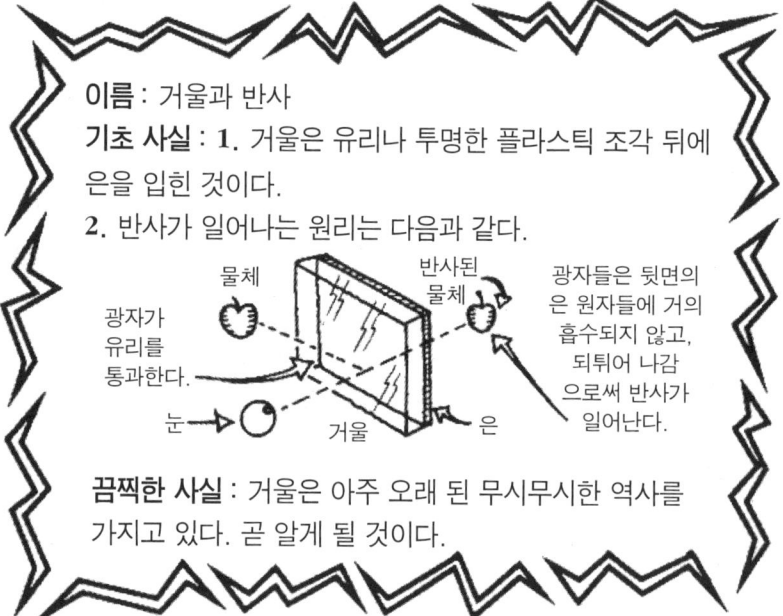

이름: 거울과 반사

기초 사실: 1. 거울은 유리나 투명한 플라스틱 조각 뒤에 은을 입힌 것이다.

2. 반사가 일어나는 원리는 다음과 같다.

끔찍한 사실: 거울은 아주 오래 된 무시무시한 역사를 가지고 있다. 곧 알게 될 것이다.

거울의 비밀

- 옛날 사람들은 반들반들한 표면이 자기 모습을 비춰 보는 데 아주 좋다는 사실을 깨달았다. 특히, 머리카락을 빗거나 콧구멍 속의 지저분한 것을 찾는 데 아주 편리했다.

- 고대 이집트에서는 반들반들한 금속, 축축한 점판암, 물그릇 등등 별의별 것들이 거울로 사용되었다. 그러나 그 중 어느 것도 깨끗하고 밝은 상을 비추어 줄 만큼 부드럽지 않았다(자신의 모습을 거울에서 보려면, 그 거울 표면이 광자들을 충분히 많이 반사시켜야 한다).
- 고대 로마 인들은 훨씬 훌륭한 거울을 사용했다. 로마 인은 유리 뒷면에 주석을 얇게 발라 거울을 만들었다. 불행하게도, 이 발명품은 로마 인에게 뜨거운 맛을 보여 주기도 했다. 전설에 따르면, 그리스의 과학자 아르키메데스(Archimedes ; 기원전 287~기원전 212)가 수많은 거울들을 죽 늘어세워 로마 군의 배들을 불태웠다고 한다.

수많은 거울들은 햇빛을 반사해 배 위의 한 점에 초점을 맞추었다. 그러자 나무가 뜨거워지다가 마침내 불타 올랐다. 실제로 그러한 일이 있었는지 증거는 없지만, 이것은 과학적으로 가능하다.

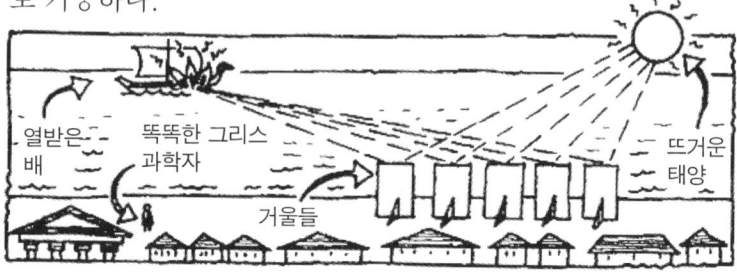

- 중세 시대에 베네치아는 세계 최고의 품질을 자랑하는 거울을 만들었다. 베네치아인들은 수은과 주석의 혼합물을 거울 뒷면에 발랐는데, 이렇게 하면 가열하지 않고도 쉽게 작업할 수 있었다. 그 혼합물은 극비에 부쳐져 있었다. 그 작업장은 어느 한 섬에만 있었는데, 수은은 독성이 강해서 많은 작업자들이 죽거나 미쳤다. 그렇지만 그들은 죽음의 고통에 관한 비밀을 누설하는 것이 금지되었다.

- 1670년대에 어떻게 해서 그 비밀이 프랑스로 새어 나갔고, 그 뒤 유럽 전역으로 퍼졌다. 1835~1836년, 독일의 화학자 유스투스 폰 리비히(Justus von Liebig ; 1803~1873)는 질산은 및 다른 화학 물질을 가열한 것을 사용해 거울 뒷면을

은으로 입히는 방법을 발견했다.
- 한편, 중국인은 금속을 갈아 훌륭한 거울을 만들었는데, 그 방법은 2000년이 넘도록 사용돼 왔다. 그 중에는 '마법의 거울'도 있었다. 여러분은 그 비밀을 짐작할 수 있을까?

나도 과학자가 될 수 있을까?

마법의 청동 거울에서 나온 빛을 화면에 비추면, 화면에 비친 빛 속에서 어떤 모양이 나타난다.

그러나 거울 표면에는 아무런 흔적도 없었다. 이 놀라운 마술은 어떻게 일어나는 것일까? 오직 거울 제작자들만이 그 비밀을 알고 있었다. 서양과 중국의 과학자들도 오랫동안 그 비밀을 풀지 못해 고민했다. 일부 중국 과학자들은 거울 앞면에 눈에 보이지 않게 어떤 문양이 새겨져 있어 빛이 반사될 때 그것이 나타나는 것이 아닌가 하고 추측했다.

자, 여러분은 그 비밀이 무엇이라고 생각하는가?

a) 중국 과학자들의 생각이 옳다. 거울 표면에 아주 희미하게 문양이 새겨져 있다.

b) 거울에서 X선이 나와 표면 아래에 숨겨져 있던 모양을 드러내는 것이다.

c) 거울 뒷면에 어떤 모양이 숨겨져 있는데, 그것이 어떤 방법으로 앞면에서 반사되는 것이다.

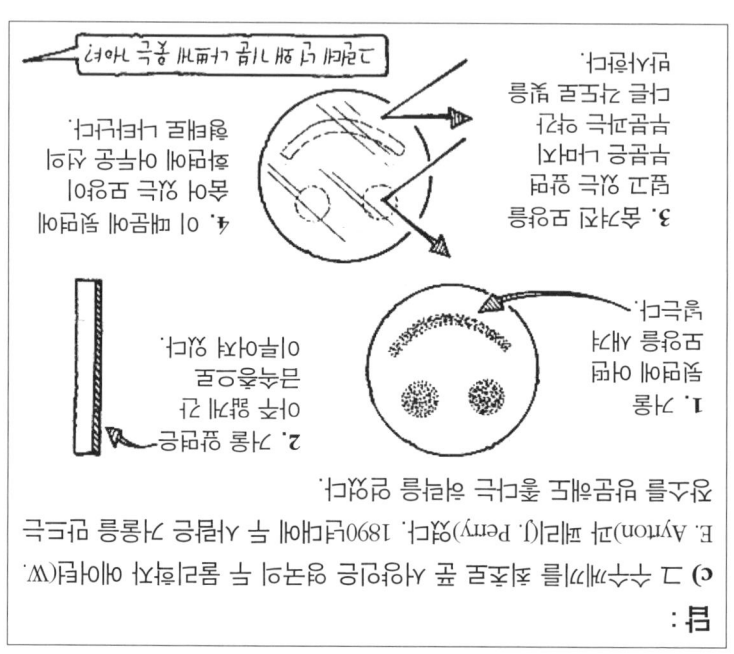

답:

c) 그 수수께끼를 최초로 푼 사람들인 영국의 두 물리학자 에어턴(W. E. Ayrton)과 페리(J. Perry)였다. 1890년대에 두 사람은 거울을 아는 장소를 환하게 하면 뒤쪽에 숨겨진 모양들을 볼 수 있었다.

1. 거울 뒷면에 어떤 모양을 새겨 놓는다.

2. 거울 앞면은 아주 얇기 때문에 끝쪽으로 돌아나와 있어서 이를 어떤 뒷면 사이에 있는 공기에 의해 휘어져 나타난다.

3. 햇빛이 모양을 비추면 뒤에 감추어진 모양이 되고 거기서 다시 반사되어 나타나 보이는 각도로 들어온다.

4. 이 빛면에 원래보다 더 크게 나타나 보인다.

그래서 벽에 그게 비쳐 보이는 거야!

★ 요건 몰랐을걸!

중세 시대 사람들은 거울과 같이 빛이 나는 표면을 응시함으로써 미래를 볼 수 있다고 믿었다. 이것이 점쟁이들이 수정 구슬을 들여다보는 관행을 낳게 되었다. 그 밖에 빛이 나는 표면으로 사용된 것으로는 물이나 피가 담긴 그릇도 있었다.

옛날 이야기가 나왔으니 말인데….

선생님을 골려 주는 질문

여러분의 할아버지, 할머니가 어렸던 시절, 무서운 부모님이나 선생님은 가끔 어린이에게 자기 얼굴이 비쳐 보일 만큼 구두를 반들반들하게 닦으라고 시켰다. 자, 이제 여러분이 복수를 할 때가 왔다. 교무실 문을 조용히 두드려라. 문이 열리거든 예쁜 미소를 짓는 것을 잊지 말고, 이렇게 물어라….

※ **유의 사항**: 냄새 나는 운동화를 선생님한테 들이밀어서는 안 된다. 선생님이 검사하도록 반짝반짝 윤이 나는 구두를 들고 있는 게 좋다.

반짝반짝 빛나는 구두   냄새 고약한 운동화

> 답: 운동 시간에 흙을 묻혀서 더럽혀지고 마찰되는 운동화와는 달리, 구두는 평평하고 마찰을 받지 않는다. 그래서 구두약이 바닥에 있는 작은 홈을 채워서 구두 표면을 평평하게 만들어 준다. 그래서 빛을 반사시켜 반짝반짝 윤이 나는 것이다.

직접 해 보는 실험: 거울은 빛을 어떤 방식으로 반사시키는가?

준비물: 거울, 양 눈썹과 여러분

실험 방법:
1. 거울 앞에 선다.
2. 왼쪽 눈썹을 치켜올린다(만약 이것을 할 수 없는 사람은 그냥 손가락으로 왼쪽 눈썹을 가리키도록 하라).

거울에 반사된 여러분의 모습은 어떻게 하고 있는가?
a) 역시 왼쪽 눈썹을 치켜올린다.
b) 오른쪽 눈썹을 치켜올린다.
c) 오른쪽 눈썹을 치켜올리지만, 0.5초쯤 있다가 그렇게 한다.

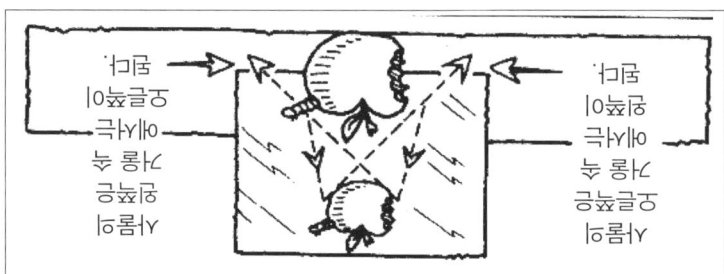

답:
b) 거울에 비치는 사람의 오른쪽과 왼쪽이 바뀌어 있는 것처럼 보인다. 그 이유는 무엇일까? 거울을 들여다볼 때에는 고개를 높이 치켜들고 있다가 마룻바닥에 떨어진 눈. 즉, 사람의 오른쪽 눈이 거울 내 왼쪽에 있게 되기 때문이다. 눈이 된다.

이 반사의 법칙은 오래 전에 이라크에 살던 과학자가 발견하였다. 유럽 사람들은 그의 이름을 알하젠(Alhazen)이라 부르지만, 그의 원래 이름은 아부 알 하산 이븐 알 하이탐이다.

명예의 전당 : 이븐 알 하이탐 (965~1040)

국적 : 아라비아

알 하이탐은 과학자였지만, 운 나쁘게도 미친 왕 밑에서 일해야 했다. 그 미친 왕은 이집트의 알 하킴(985~1021)이었다.

전해 오는 이야기에 따르면, 어느 날 알 하이탐은 나일 강에 댐을 건설할 수 있다고 큰소리쳤다고 한다. 그러자 왕은 알 하이탐을 이집트 남부로 보내 댐을 세우라고 했다. 그러나 그 곳에 도착한 알 하이탐은 댐을 세우기에 적당한 장소가 없다는 사실을 알게 되었다. 폭포가 너무 많았던 것이다. 알 하이탐이 돌아와 실패를 보고하자, 왕은 크게 노했다. 왕은 알 하이탐을 긴 의자 위에 올라서라고 명령한 뒤, 그 의자를 산산조각내 버렸다. 알 하이탐이 의자처럼 산산조각날 수도 있었으니 앞으로 정신차리라는 사실을 간접적으로 알려 준 셈이지!

알 하이탐은 별 볼일 없는 자리로 쫓겨났다. 그래도 안심이 안 된 알 하이탐은 목숨을 구하기 위해 꾀를 짜냈다. 그는 미친 사람처럼 행동하다가 마침내 감금되었고, 왕은 그를 죽이는 것을 잊어버렸다. 재미있는 것은, 몇 년 후에 왕 자신이 미쳐 버렸고, 누군가에게 살해당했다는 사실. 나중에 알 하이탐은 자신은 그저 미친 척했을 뿐이라고 모두에게 밝혔다.

진실은 시시한 것?

물론 일부 고리타분한 역사가들은 이 이야기는 알 하이탐이 죽은 뒤에 나온 이야기라고 주장한다. 알 하이탐도 자기가 쓴 글에서 그러한 사실을 전혀 언급하지 않았다. 그러나 왜 알 하이탐이 그 이야기를 꼭 글로 남겨야 하겠는가? 아마 그는 그 사건을 잊고 싶어했는지도 모른다. 그리고 과거의 실수를 긁어 부스럼 만들 필요가 있겠는가? 여러분 생각은 어때?

그는 아자르 사원에서 학생들을 가르치고, 고대 그리스의 원고들을 베껴 적는 일을 맡게 되었다. 거기서 그는 빛에 관심을 가지게 되었다. 그래서 그는 『광학 보전』이라는 책을 썼는데, 거기서 자신의 놀라운 발견에 대해 설명하고 있다(안타깝게도, 자신의 실험에 대해서는 자세히 묘사하지 않았다).

 지은이 : 이븐 알 하이탐

나는 자기 자랑하기 좋아하는 사람이 결코 아니지만, 내가 훌륭한 과학자라는 사실은 인정하지 않을 수 없다. 나는 이전에 어느 누구도 발견하지 못한 빛의 비밀을 발견했다. 게다가, 나는 이 모든 것을 수학적 계산을 통해서, 그리고 내 손으로 직접 만든 거울을 사용한 실험을 통해서 증명했다.

1. 빛은 빛을 내는 물체에서 나온다. 일부 고대 그리스 철학자들은 빛이 눈에서 나오며, 물체가 빛나는 것도 눈에서

나오는 빛을 받아서 그렇다고 믿었다. 그러나 나 이븐 알 하이탐은 그들의 생각이 잘못이라는 것을 증명했다.

2. 빛은 직선으로 나아간다. 정말 내 자랑을 늘어놓는 것은 질색이지만, 이것은 내가 이룬 것 중 가장 천재적인 실험이다. 나는 벽에 구멍을 하나 뚫고, 빛 한 줄기가 방 안으로 흘러 들어오게 했다. 나는 그 빛줄기를 조사하여 그것이 완전히 직선이라는 사실을 발견했다. 정말 훌륭하지 않은가!

3. 빛은 항상 예측 가능한 각도로 반사된다. 최고의 천재성을 지닌 사람만이 할 수 있는 조심스럽고도 힘겨운 측정을 통해 나는 거울 왼쪽으로 들어온 광선은 거울 오른쪽으로 반사돼 나간다는 사실을 증명했다. 입사 광선과 반사 광선이 거울면에 대해 이루는 각도는 언제나 똑같다.

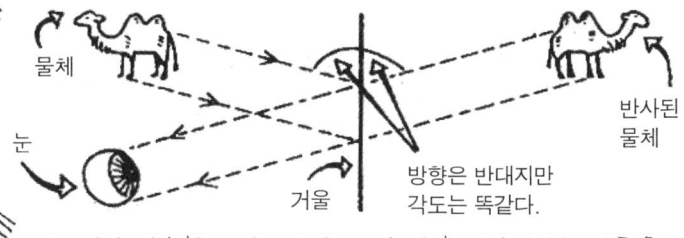

나는 정말 겸손한 사람이지만, 이븐 알 하이탐이라는 이름은 역사에 영원히 기억될 것이며, 전세계의 모든 사람들이 내가 이룬 발견을 읽길 원할 것이라고 확신한다.

그러나 다른 나라에 살고 있던 전세계 사람들은 빛에 대해 별로 관심이 없었으며, 알 하이탐의 책이 서양에 처음으로 소개된 것은 약 200년이 지나서였다. 여러분도 알 하이탐과 같은 과학자가 되어 반사의 비밀을 발견할 수 있을까? 자, 여러분의 자질을 테스트해 볼 기회가 왔다.

직접 해 보는 실험: 거울은 여러분의 얼굴을 어떤 모습으로 변화시킬 수 있을까?

준비물: 광택이 나는 금속제 숟가락

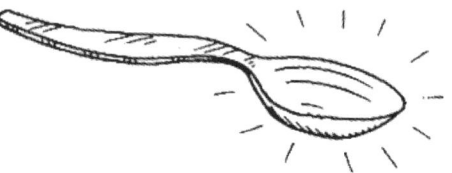

실험 방법:

1. 숟가락을 손거울처럼 손에 쥔다.
2. 숟가락 뒷면과 앞면에다 얼굴을 비춰 본다.

무엇을 알 수 있는가?

a) 숟가락 뒷면에는 내 얼굴이 위아래가 거꾸로 뒤집혀 나타나고, 앞면에는 똑바로 비친다.

b) 숟가락 뒷면에는 내 얼굴이 실제보다 뚱뚱하게 비치고, 앞면에는 거꾸로 된 내 얼굴이 실제보다 홀쭉하게 비친다.

c) 숟가락 뒷면에는 내 얼굴이 정상으로 비치고, 앞면에는 얼굴은 똑바르지만 코가 아주 크게 비친다.

답:

b) 숟가락 앞면은 오목하다(즉, 중심 부분이 안쪽으로 쑥 들어가 있다. 그러니까 동굴처럼 말이다).

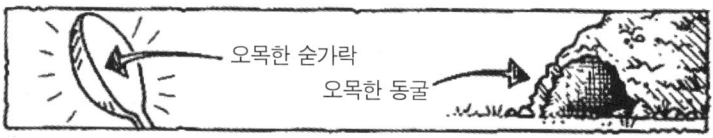

이러한 모양 때문에 여러분 얼굴을 반사하는 빛은 숟가락 위쪽에서는 아래쪽으로 반사되고, 아래쪽에서는 위쪽으로 반사된다.

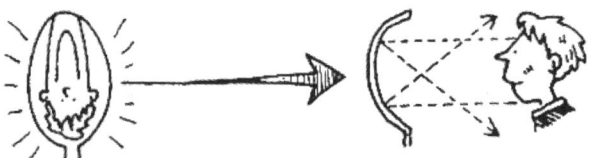

그래서 숟가락 위쪽에서는 얼굴 아랫부분이 나타나고, 숟가락 아래쪽에서는 얼굴 윗부분이 나타나, 얼굴이 거꾸로 뒤집힌 모습으로 보이는 것이다. 이제 숟가락을 반대쪽으로 돌리면, 숟가락이 밖으로 툭 튀어나와 있는데, 과학 용어로는 이것을 볼록하다고 한다.

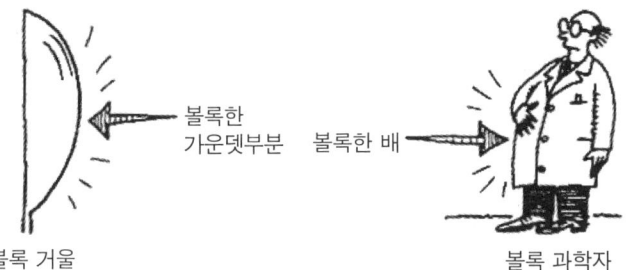

볼록한 거울 모양은 빛을 약간 바깥쪽으로 퍼지게 만든다. 그래서 여러분의 얼굴은 더 둥글고 뚱뚱하게 보인다(단, 여러분의 얼굴은 거꾸로가 아니라, 똑바로 보인다).

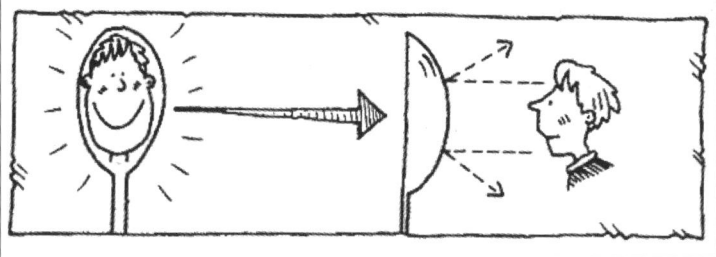

무시무시한 건강 경고!

부모님은 여러분이 이 재미있는 실험을 식사 시간에 하는 것을 달가워하지 않을지 모른다. 특히, 오랜만에 찾아온 친척들이 맛있는 음식을 먹으려고 기다리고 있는데, 여러분이 가장 좋은 은숟가락을 가지고 실험을 한다면 더더욱!

직접 해 보는 실험: 유령이 나타나게 해 보자!

 (이 실험은 정말 재미있는 것이라서 여러분은 자꾸만 또 하고 싶을 것이다. 물론 과학을 위해서라고 내세우겠지.)

준비물: 접착 테이프, 가위, 작지만 밝은 손전등, 거울(24 cm ×36 cm 정도가 가장 좋다), 검은 종이(거울보다 커야 한다), 연필, 검은색 수성 사인펜, 밝은 색 벽지가 있는 방

실험 방법:

1. 검은 종이 위에 유령의 윤곽을 그린다. 이것은 거울보다 크기가 작아야 한다.
2. 가위로 유령을 오려 낸다.
3. 유령을 오려 내고 남은 종이 부분을 거울 위에 붙인다.
4. 사인펜을 사용해 거울 위의 유령 형체에 적당한 모양을 그려 넣는다.

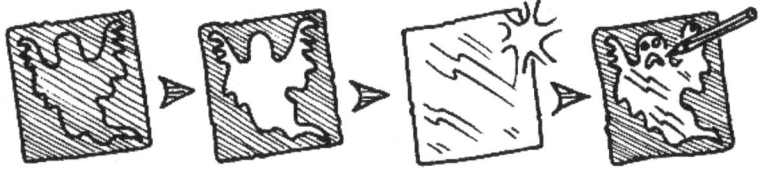

5. 방을 캄캄하게 한다. 밤중이 될 때까지 기다렸다가 하는 것이 좋다. 어차피 유령은 그 때가 되어야 나타나니까.

6. 거울을 의자 위에 잘 기대 놓는다. 거울은 벽에서 2 m쯤 떨어져 있어야 한다. 이제 손전등으로 거울에 불빛을 비춘다. 그러면 벽에 유령이 나타날 것이다.

7. 손전등을 조금씩 움직이면, 유령이 공중에서 날아다닐 것이다.

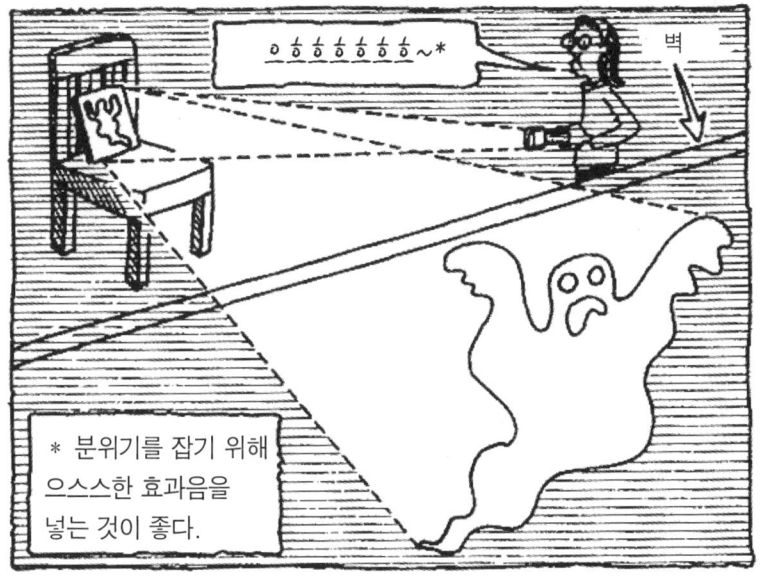

벽에 나타난 유령을 과학적으로 설명한다면?

a) 손전등의 불빛이 검은색 종이와 사인펜 자국을 반사시킨 것이다.

b) 손전등의 불빛이 거울만 반사시키고, 검은색 종이와 사인펜 자국은 반사시키지 않기 때문이다.

c) 손전등의 불빛이 모든 것을 반사시킨다.

답 :
b) 종이의 사인펜 부분에서 빛을 난반사 시키지 않는다. 그 결과 거울에서 반사된 빛만이 벽에 부딪혀 부분 부분으로 나타나기 때문이다. 이것이 약간의 움직임에 의해 유령이 공중에서 날아다니는 모습이 된다.

 ## 무시무시한 건강 경고!

1. 거울에 낙서를 해도 좋은지 부모님의 허락을 받기 전에는 이 실험을 하지 않는 게 좋다. 할머니의 값비싼 골동품 거울에다가 그랬다간 뼈도 못 추릴지 모른다!
2. 거울을 만질 때에는 조심해야 한다. 거울은 유리이므로 (그랬던가?) 쉽게 깨져 사람들에게 상처를 입힐 수 있다. 또, 거울을 깨면 7년 동안 재수가 나쁘다고 한다.

끄악! 지난번에 거울을 깨고 나서 6년하고도 11개월 30일 동안 거울을 깨지 않았는데!

저런! 넌 정말 운이 나쁘구나!

3. 사인펜이 수성인지 반드시 확인할 것! 수성 사인펜 자국은 물로 씻어 낼 수 있으니까.

　무시무시한 이야기가 나온 김에 다음 장에 나오는 이야기도 약간 언급해야겠다. 조심하라! 다음 장에는 흉측하게 생긴 거미 한 마리가 숨어 있으니까.
　그놈은 여러분의 양말 속에 숨어 있을지도 모른다. 읽어 보면 알겠지….

까아악!

빛을 구부러뜨리는 것들

다음 물건들의 공통점은 무엇일까?

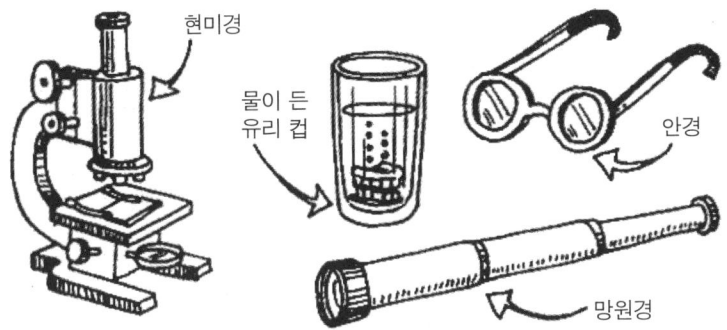

그래, 맞다. 이 물건들에는 모두 공통적으로 유리 재료가 포함돼 있다. 그러나 그것만이 유일한 답은 아니다. 다른 건 생각나지 않는다고? 또 하나의 공통점은 모두 빛을 구부러뜨린다는 것이다. 어떻게 그럴 수 있을까?

궁금하면 다음을 읽어 보라….

진상 조사 X-파일: 굴절

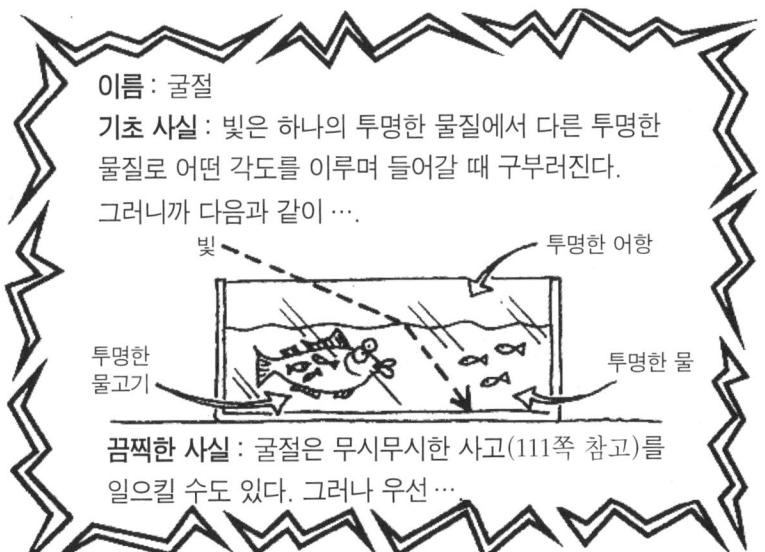

이름: 굴절
기초 사실: 빛은 하나의 투명한 물질에서 다른 투명한 물질로 어떤 각도를 이루며 들어갈 때 구부러진다. 그러니까 다음과 같이 ….
끔찍한 사실: 굴절은 무시무시한 사고(111쪽 참고)를 일으킬 수도 있다. 그러나 우선…

빛이 어항에 들어가면서 굴절되는 모습을 느린 동작으로 살펴보기로 하자.

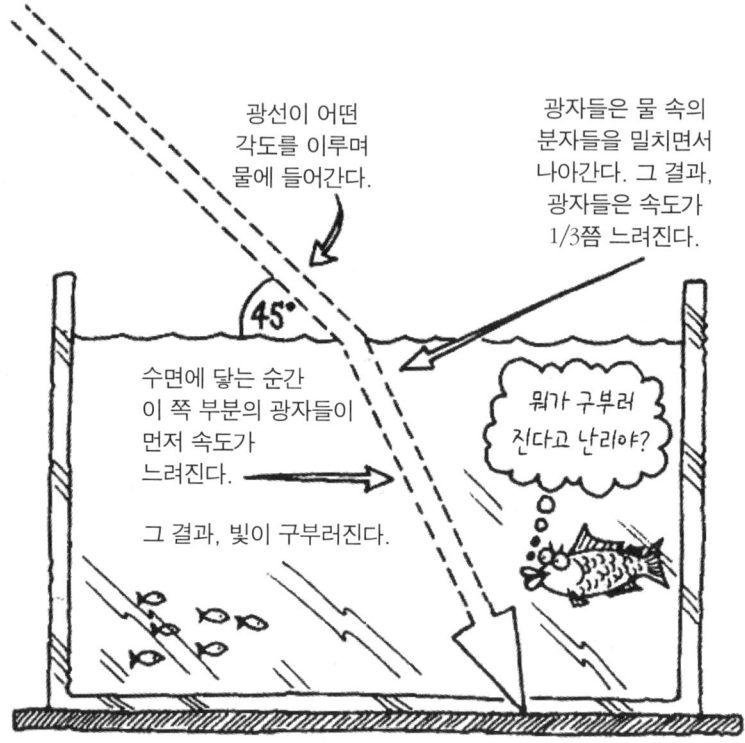

위험한 굴절

1. 수영장 바닥을 들여다보면서 그 깊이가 얼마나 될까 하고 궁금해한 적이 없는가? 그것은 여러분이 생각하는 것보다 훨씬 더 깊다. 수영장 바닥에서 반사돼 나오는 빛이 굴절되기 때문이다. 그래서 바닥이 실제보다 더 가까워 보이게 된다.

2. 내가 뭐라 그랬어?

3. 물 속에 잠긴 자기 다리를 내려다보면 이 효과를 확인할 수 있다. 다리는 뚱뚱하고 짧아 보인다. 정말이라니까! 물귀신이 여러분의 다리를 잡아당기는 것이 아니다.

4. 남아메리카와 태평양 일부 그리고 아프리카의 일부 원주민은 창으로 물고기를 사냥한다. 그러나 굴절 때문에 물고기들은 종종 무사히 달아나곤 한다. 그리고 가끔 사고도 일어난다….

★ 요건 몰랐을걸!

굴절은 신기루를 일으킨다. 사막과 같은 뜨거운 곳에서는 지면 위에 따뜻한 공기층이 생긴다. 그런데 훨씬 차가운 공기층이 따뜻한 공기층 위를 덮을 때가 있다. 하늘에서 오는 빛은 차가운 공기층에서 뜨거운 공기층으로 들어갈 때 속도가 빨라지고, 구부러진다. 그 결과, 파란 하늘의 일부가 마치 지면 위에 떠 있는 것처럼 보이는데, 목 마른 사람의 눈에는 이것이 먼 지평선에 파란색의 물이 있는 것처럼 보인다.

물체를 사라지게 하는 굴절

굴절은 더욱 괴이한 일을 일으키기도 한다. 물체를 사라지게 만드는 것이다. 못 믿겠다고? 그럼, 다음 실험을 통해 직접 확인해 보라구.

직접 해 보는 실험: 동전은 어디로 사라졌을까?

준비물:
500원짜리 동전,
세면대,
자

실험 방법:

1. 세면대에 물을 깊이 4cm 정도 채운다.

2. 동전을 물 속에 집어넣는다.
3. 세면대 가장자리를 통해 동전이 보일락말락할 때까지 쪼그려 앉는다.
4. 마개를 살짝 열어 수면의 높이가 천천히 내려가게 한다.

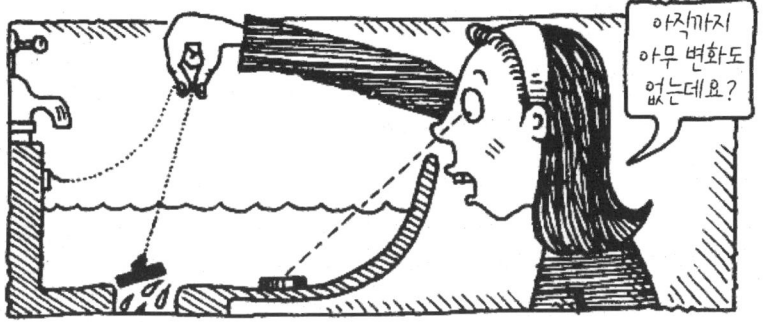

수면이 내려가면서 동전이 서서히 사라진다. 왜 그럴까?

a) 끄악! 동전이 배수구로 빨려 들어갔다!
b) 동전에서 반사된 빛이 물 속에서 굴절을 일으켜 실제 있는 위치보다 더 먼 곳에 있는 것으로 보이기 때문이다.
c) 동전에서 오는 빛이 물 속에서 굴절을 일으켜 더 가까이 있는 것으로 보이기 때문이다.

답 :
c) 물의 밀도는 공기보다 높기 때문에 굴절시키는 각도가 더 크다. 그리고 수면이 낮아질수록 동전에서 빼내지 물이 눈으로 직접 들어오지 않는다. 그래서 동전은 실제 위치보다 더 시점에서 멀어져 내가 보기에 굴절되어 실상 동전이 사라지게 된다.

만약 굴절이 동전을 사라지게 할 수 있다면, 더 큰 물체도 사라지게 할 수 없을까? 예를 들면, 사람을 사라지게 할 수는 없을까? 이런 일이 일어날 수 있다는 이야기를 한 사람이 있다. 그렇지만 그 이야기는 사실일까? 여러분 생각은 어떤가?

투명 인간의 비밀

1897년 런던

  오늘 밤, 나는 투명 인간이 된다. 내 몸이 서서히 사라지는 것을 보면서 누가 내 아이디어를 훔쳐 갈까 봐 캄캄한 어둠 속에서 고생하던 지난날이 생각났다. 가난과 좌절과 절망으로 지새웠던 그 수많은 나날들! 그렇지만 나는 마침내 해냈다!

  그것은 무섭고도 신기한 경험이었다. 처음에 나는 내 몸에서 색소를 모두 제거하기 위해 며칠 동안 약을 먹었다. 피부와 머리카락이 흰 눈과 같은 백색으로 변했다(지금도 그 부작용 때문에 나는 고통을 겪고 있다). 그런 다음, 나는 두 개의 전기 장치 사이에 섰다. 여기서 나온 신기한 투명 광선이 내 모습을 사라지게 했다. 그 광선은 체내의 물 원자들을 변형시켜 더 이상 빛을 굴절시키지 않도록 한다. 이제 빛은 마치 내가 공기로 만들어져 있는 듯이 내 몸을 통과한다.

  광선이 내 몸에 닿는 순간, 나는 내가 영혼으로 변하는 듯한 느낌이 들었다. 백색 얼굴과 머리카락은 점점 희미해져 가다가 마침내 거울에서 내 모습이 완전히 사라졌다. 내 팔과

다리의 피부는 유리처럼 보였다. 그 밑에 있는 지방과 신경들이 보였다.
　그리고 점차 모든 것이 사라져 갔고, 마침내 거울 속에는 텅 빈 방 외에는 아무것도 비치지 않았다.

답:
　정말 대단한 이야기지? 이 이야기는 웰스(H. G. Wells, 1866~1946)가 쓴 소설 『투명 인간』에서 딴 것이다. 그렇지만 이것은 그냥 꾸며 낸 이야기에 불과하단다. 왜냐 하면 ···
1. 이 이야기의 나는 절대 투명 등 될 수는 없기 때문이란다.
2. 만약 그 과학자의 몸에서 색가 모두 사라졌다면, 망막이 없어 세상의 사물과 빛을 아무것도 보이지 않을 것이다.
3. 곡이 가장 중체로 그리하여 망막이가 절품관 상태를 잃는다(약간 이라 생각해 가 이겠는가?)··· 만약 과학자의 몸에 말을 불질을 본질시키지 않는다면 이 몸의 부 비로는 빛을 굴절시키지 못할 것이다. 따라서, 그의 곡에는 언어 상태로 이지 않을 것이다.

놀라운 렌즈

렌즈는 빛을 굴절시키는 놀라운 성질을 보여 준다. 렌즈는 크게 볼록 렌즈와 오목 렌즈의 두 종류가 있다.

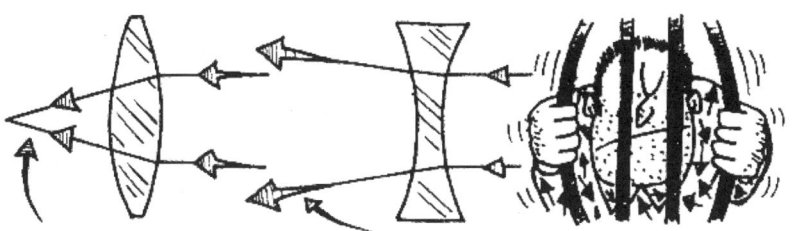

볼록 렌즈는 빛을 안쪽으로 구부러뜨린다.　　오목 렌즈는 빛을 바깥쪽으로 구부러뜨린다.　　흉악범 올록볼록은 창살을 구부러뜨린다.

그럼, 이제 이 렌즈들을 한번 들여다볼까? 마침 아주 징그러운 털복숭이 거미가 기꺼이 실험 대상으로 자원하고 나섰다.

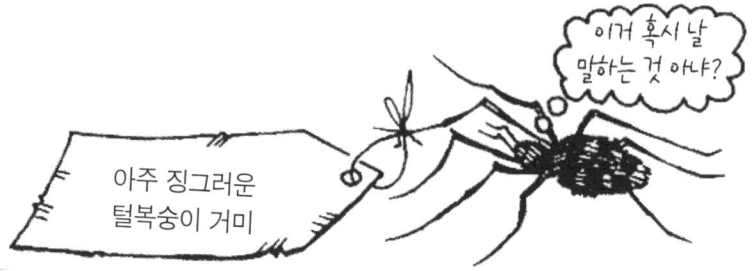

1. 볼록 렌즈를 통해 보면 거미는 실제보다 더 커 보인다. 거미의 머리를 한번 들여다볼까?

2. 빛이 거미의 끔찍한 작은 얼굴에 반사되어 나온다.

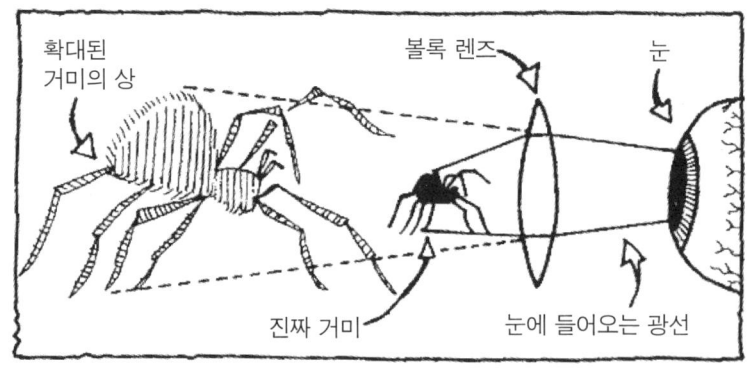

볼록 렌즈는 이 빛을 하나의 점을 향해 굴절시킨다.

3. 그 점 부분에 여러분의 눈을 두면, 거미의 커다란 머리가 보일 것이다. 그러면 8개의 끔찍한 눈이 여러분을 마주 보고 있을 것이다!

이번에는 오목 렌즈를 사용해 거미를 살펴보기로 하자. 참아라, 이 모든 것은 과학을 위한 것이니까.

1. 오목 렌즈는 빛을 넓게 퍼지게 한다.
2. 오목 렌즈를 통해 보면, 거미의 모습은 실제보다 작게 보인다. 휴! 이번에는 한결 낫지?

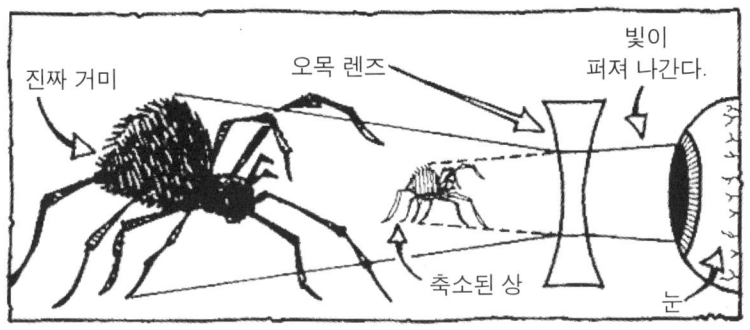

따라서, 오목 렌즈는 사물을 더 작게 보이게 하고, 볼록 렌즈는 더 크게 보이게 한다. 그래서 사진기, 쌍안경, 망원경, 현미경을 비롯해 사물을 더 크게 보이도록 하는 과학 도구들에는 볼록 렌즈가 사용된다.

여러분이 이 책을 읽기 위해 안경을 쓰고 있다면, 여러분은 이미 렌즈에 대해 많은 것을 알고 있을 것이다. 여러분 코 위에 렌즈 두 개가 떡하니 걸쳐져 있을 테니까. 그런데 왜 안경을 써야 하는 걸까?

알쏭달쏭한 표현

안과 의사가 이렇게 말한다.

이것은 치명적인 병일까?

답 :

그렇지 않다. 눈에 조정이 잘 맞춰지지 않는 경우만 될 뿐이다.

1. 정시인, 먼 데 있는 것이 잘 보이지만, 가까이에 있는 것은 잘 보이지 않는다. 돋보기 안경을 쓸 필요가 없이 모든 것이 정확히 잘 보인다. 따라서, 가까이 있는 물체에서 오는 빛이 망막에 정확히 초점을 맺힌다. 그래서 멀리 있는 사물에서 초점이 맞추어질 때에도 평형이 나타날 수 있다.

2. 근시인, 가까이 있는 것은 잘 보이지만, 멀리 있는 것은 잘 보이지 않는다. 평형, 멀리 있는 물체에서 오는 빛이 수정체에서 나머 뒤 쪽으로 많이 이동하지 않아 망막에 마련이 물리 있는 것처럼 보인다. 이 콩알만한 양막 안에서 마련이 물게 때에도 미춤이 평형이 나타날 수 있다.

3. 타시는 2차에의 정상적인 곤아에서 약간 편아됨이 때 나타난다. 그렇게, 양이 편아서 초점이 맺힌다.

이 중 아는 것이 아니라도 사람이 해결이 정상이거나 중력도 하고 잘 고를 때에는 미묘함이 있다. 안경을 먹어 통로공해를 상용해야 한다.

이고, 또 안경은 과대실이 해결하 조절이 말흐로 대비하는가…

경이로운 안경

1. 최초의 안경은 볼록 렌즈로 만들어졌다. 그 안경은 13세기에 이탈리아에서 만들어진 것으로 추정되며, 원시인 사람들이 썼다.

2. 앞에서 살펴봤듯이, 원시의 수정체는 빛을 안쪽으로 충분히 굴절시키지 못하기 때문에 망막에 상의 초점이 제대로 맺혀지지 않는다.

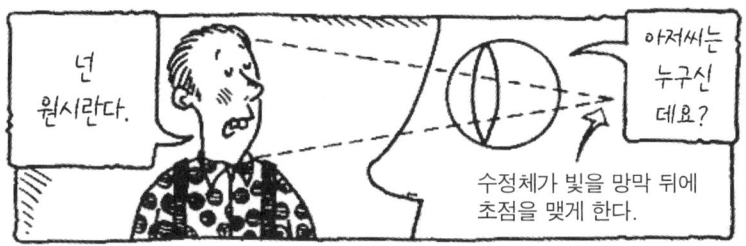

볼록 렌즈는 빛을 더 안쪽으로 구부러지게 함으로써 상의 초점이 망막에 제대로 맺히게 한다.

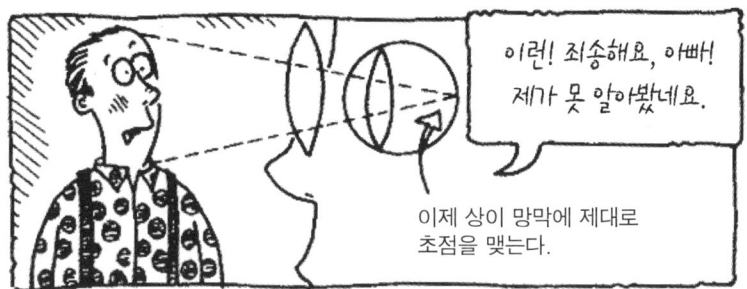

3. 오목 렌즈는 1451년경에 처음으로 만들어졌다. 독일의 성직자 쿠사의 니콜라우스(Nicolaus of Cusa ; 1401~1464)는 오목한 모양의 렌즈가 근시들에게 도움을 줄 것이라고 생각했다. 그는 정말 멀리까지 내다보는 눈을 가진 사람이지?

4. 근시의 수정체는 빛을 안쪽으로 너무 많이 구부러지게 한다. 그래서 빛이 망막에 닿기 전에 초점을 맺는다.

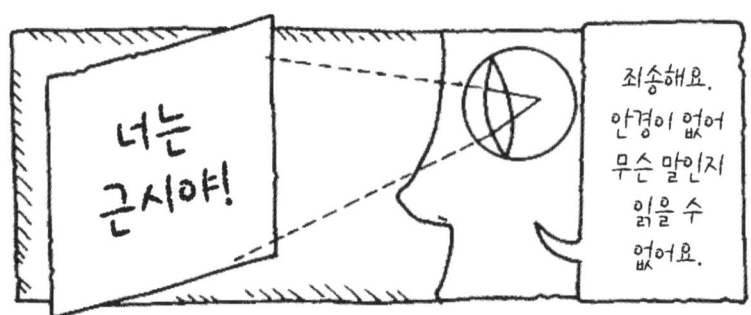

오목 렌즈는 빛을 퍼져 나가게 하기 때문에 근시인 사람의 망막에 사물의 빛이 제대로 초점을 맺게 해 준다.

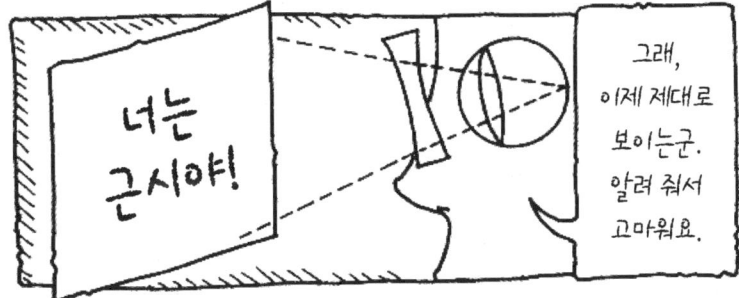

5. 콘택트 렌즈도 안경과 같은 일을 한다. 오늘날 사용되는 콘택트 렌즈는 부드러운 플라스틱제로, 눈알 위에 쉽게 올려놓을 수 있다. 그러나 독일의 아돌프 픽(Adolf Fick ; 1829~1901)이 1888년에 발명한 최초의 콘택트 렌즈는 유리로 만들어져 있었다. 유리 렌즈는 눈알과 마찰하여 염증을 일으켰다.

6. 아돌프 픽은 눈알에 딱 맞는 정확한 모양의 렌즈를 만들어 빛을 망막으로 굴절시키게 하는 데에도 성공했다. 그 비결은 죽은 사람의 눈알을 주형으로 사용한 데 있었다! 으악~!

7. 걱정하지 마라! 여러분이 다니는 안경점의 서랍 속에는 더이상 죽은 사람들의 눈알이 들어 있지 않으니까. 오늘날에는 각막 측정계라는 기구를 사용해 눈알의 굴곡을 측정한다. 각막 측정계는 빛을 여러분의 눈알로 비춘 다음, 거기서 반사돼

나오는 빛의 위치를 기록한다. 이 자료를 이용하여 정확한 굴곡을 계산한다.

8. 렌즈의 새로운 용도를 발견한 사람이 안경 제작자였다는 것은 놀라운 일이 아니다. 1608년, 네덜란드의 안경 제작자 한스 리퍼세이(Hans Lippershey ; 1570~1618)가 망원경을 발명했고, 얼마 후에 그의 조수인 얀센(Zacharias Janssen ; 1580~1638)은 현미경을 발명했다.

★ **요건 몰랐을걸!**
리퍼세이는 두 아이가 렌즈를 가지고 노는 것을 보고서
망원경에 대한 아이디어를 얻었다고 한다. 아이들은
볼록 렌즈 두 개를 서로 약간 떨어뜨려 놓고 들여다보면,
교회의 뾰족탑이 놀라울 정도로 자세하게 보인다는 사실을
발견했다. 리퍼세이는 물론이고 어느 누구도 이전에
그러한 실험은 해 본 적이 없었다. 네덜란드 정부는
망원경을 발명한 데 대해 리퍼세이에게 900플로린의
상금을 주었지만, 그 불쌍한 아이들은 돈을 구경도 못 했다
(망원경으로도).

알쏭달쏭한 표현

뭔가 무서운 일이 일어난 게 분명하다. 세상의 종말이 왔다는 이야기일까? 그렇지 않다. 색수차(色收差)는 망원경에 나타나는 문제를 말한다. 색수차는 파장이 서로 다른 광파들이 굴절되는 정도가 각각 다르기 때문에 나타나는 현상이다.

옛날의 망원경은 볼록 렌즈를 두 개 이상 사용했다. 볼록 렌즈는 멀리 있는 물체의 빛이 여러분의 눈에 초점을 맺게 해 준다.

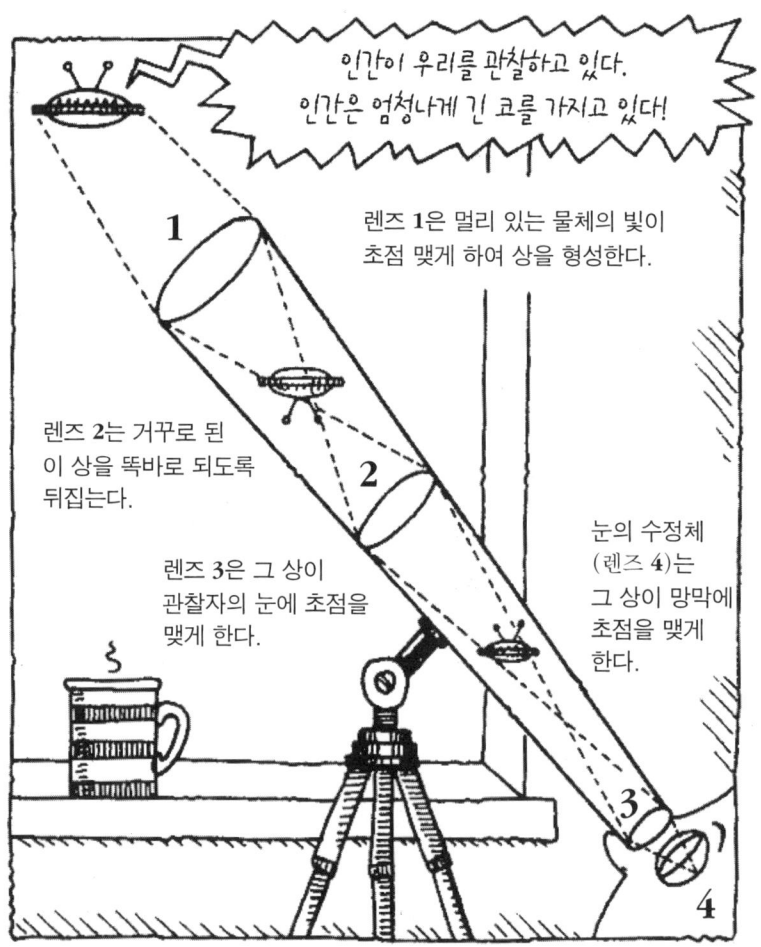

그러나 바로 거기에 문제가 있었다. 서로 다른 색의 빛 성분들은 굴절되는 각도가 각각 다르기 때문에, 정확하게 똑같은 지점에 초점을 맺지 않는다. 그래서 망원경으로 본 물체의 상은 가장자리 주변에 어렴풋한 색무늬가 나타난다. 이것을 색수차 현상이라 한다.

천문학자들에게는 다행스럽게도 뉴턴이 1668년에 이 문제를 해결했다. 뉴턴은 렌즈 대신에 오목 거울을 사용해 빛의 초점을 맺게 하는 망원경을 설계했다. 거울은 모든 파장의 빛을 똑같이 반사하기 때문에 물체의 상 주위에 색무늬가 전혀 나타나지 않았다. 뉴턴이 생각해 낸 망원경 설계는 오늘날에도 그대로 사용되고 있다.

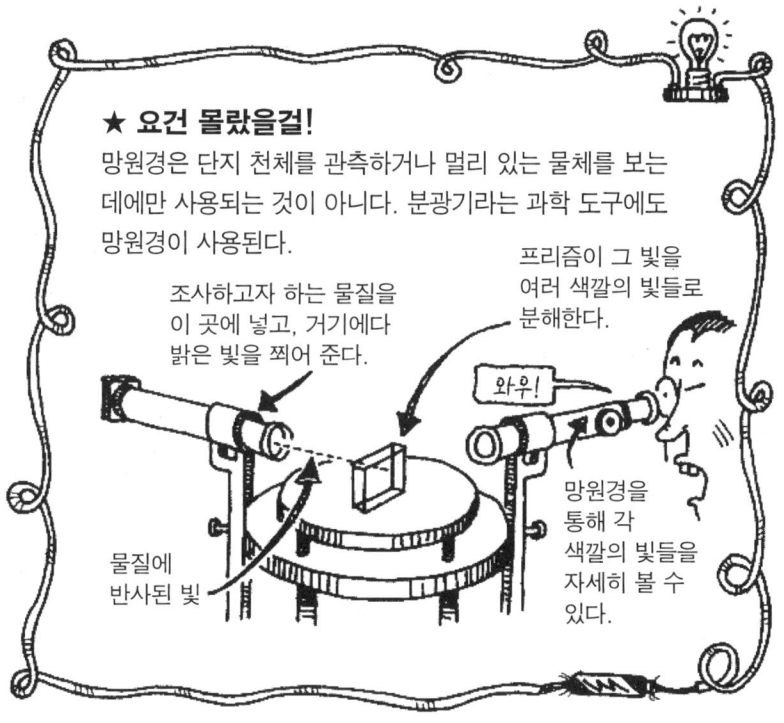

★ **요건 몰랐을걸!**
망원경은 단지 천체를 관측하거나 멀리 있는 물체를 보는 데에만 사용되는 것이 아니다. 분광기라는 과학 도구에도 망원경이 사용된다.

조사하고자 하는 물질을 이 곳에 넣고, 거기에다 밝은 빛을 쬐어 준다.

프리즘이 그 빛을 여러 색깔의 빛들로 분해한다.

와우!

물질에 반사된 빛

망원경을 통해 각 색깔의 빛들을 자세히 볼 수 있다.

색에 대해서는 다음 장에 자세히 소개된다. 다음 장은 화려하고 다채로운 이야기들로 가득 차 있다. 그렇다! 색은 정말 중요하다. 운전자들이 초록색과 빨간색을 구별하지 못한다면 어떻게 되겠는가? 그야 병원에 가 있겠지.

자, 이제 여러분이 다음 장으로 건너가도 좋다는 초록색 불이 켜졌다.

휘황찬란한 색깔의 비밀

색깔이 없는 삶은 못 견딜 정도로 지겨울 것이다. 마치 비가 주룩주룩 내리는 옛 흑백 영화를 계속해서 돌려 보는 것처럼. 색이 없다면, 화려한 공작의 깃털도, 장엄한 석양도, 만발한 정원의 꽃들도 아무런 감동을 주지 못할 것이다.

다만, 친척 집의 끔찍하고 촌스러운 그 진홍빛, 보랏빛 실내 장식에 소름 돋는 일은 없어지겠지만….

독자에게 드리는 말

이 책이 컬러판이 아닌 것을 퍽 유감스럽게 생각합니다. 독자들께서는 이 책에서 묘사되는 그 화려하고 멋진 색깔들을 마음 속으로 상상하면서 읽으시기 바랍니다. 그래도 지루하다면, 책 위에다 색칠을 하세요.
참고 : 만약 이 책이 여러분의 책이 아니라면, 크레용을 들기 전에 먼저 책을 사 오도록 하세요. 어쨌든 빛이 어떻게 색을 나타나게 하는지 설명이 계속됩니다.

진상 조사 X-파일 : 색

이름 : 색

기초 사실 :
1. 흰색에는 무지개에 들어 있는 모든 색이 다 포함돼 있다. 사실, 각 색은 특정 파장을 가진 광파 때문에 나타난다.
2. 빛이 어떤 물체에 부딪치면, 일부 색깔의 빛들은 흡수되고, 나머지 색깔의 빛들은 반사된다. 우리 눈에 보이는 색은 바로 반사된 빛들이다. 이해가 가는지?

끔찍한 사실 : 검은색 물체는 모든 색의 빛을 흡수하기 때문에 어떤 색의 빛도 반사하지 않는다. 이 불쌍한 달팽이가 까맣게 보이는 것은 그 때문이다.

그래, 난 검둥이다!

색에 관한 더 재미있는 사실이 계속되니 마저 읽어 보라.

빛에 관한 사실

초록색 잎이나 애벌레는 초록색을 제외한 모든 색의 빛을 흡수한다. 초록색 빛은 잎(또는 애벌레)에서 반사되며, 그것이 여러분 눈에 보인다.

정원사의 초록색 손가락
초록색 식물
초록색 애벌레

잘 익은 토마토는 빨간색을 제외한 모든 색의 빛을 흡수한다.

흰색 물체는 모든 종류의 빛을 반사한다(백색광은 모든 색의 빛이 섞인 것이라는 사실을 잊지 말 것).

눈밭에 앉아 있는 북극곰
(어라, 흰색 털모자도 쓰고 있네!)

★ 요건 몰랐을걸!

1. 창문, 폴리에틸렌 가방이나 용기는 색을 반사하지 않는다. 이 물질들은 투명하다. 유리와 같은 투명 물질의 경우, 구성 원자들이 얇은 층들을 이루고 있거나 규칙적으로 배열돼 있기 때문에, 대부분의 빛이 그냥 통과한다. 빛이 창문을 통과해 비치는 것은 이 때문이다.

2. 몸이 투명한 물고기도 있다. 예를 들면, 남아메리카의 강에서 발견된 X선 물고기는 몸에 색소가 하나도 없다. 이 때문에 이 물고기는 큰 물고기의 공격을 피할 수 있다. 이 물고기는 114쪽에 소개한 투명 인간과 비슷하다. 다만, 그 뼈와 내장은 눈에 보인다.

오! 내장이 정말 멋있군요!

당신 속도 참 잘생겼네요!

직접 해 보는 실험: 색은 어디서 나오는가?

준비물: 싱싱한 빨간색 토마토, 흰색 A4 용지, 밝은 손전등

실험 방법:
1. 방을 캄캄하게 한다(밤이 될 때까지 기다리는 것이 좋을걸).
2. 토마토를 종이 한쪽 끝부분에 놓아 둔다.
3. 손전등을 종이 위에서 토마토와 같은 높이로 든다. 그리고 토마토에 불빛을 비춘다.

4. 손전등 아래의 종이 위에 그늘진 부분을 자세히 보라. 그것은 분홍빛을 띠고 있을 것이다. 왜 그럴까?

a) 토마토가 빨간색 빛을 종이 위에 반사하기 때문.
b) 손전등의 불빛 때문에 일어나는 착시 현상이다.
c) 토마토 그림자가 빨간색을 제외한 모든 색의 빛을 흡수하고 있기 때문.

답: a) 붉게 익은 토마토는 그 위에 쏟아지는 빛 가운데 빨간색 빛만 반사하고 나머지 색의 빛은 모두 흡수한다. 빨간색 빛은 사방으로 반사되는데, 이 빨간색 빛이 하얀색 종이에서 다시 반사되어 나와 눈에 들어온다.

그러나 대부분의 물체는 여러 가지 색깔을 함께 반사한다. 예를 들어 바나나는….

쉬는 시간에 선생님을 곯려 주는 질문

바나나 하나와 상당한 용기가 필요하다. 교무실 문을 살짝 두드려라. 문이 삐걱 하고 열리면, 아주 순진한 표정을 짓고 이렇게 물어라.

답: 노란색으로 보이지만, 실은 바나나는 빨간색과 초록색 빛을 반사한 다. 파란색은 흡수된다. 우리 눈은 빨간색과 초록색 빛이 섞이면 노란 색으로 보이는 것이다(에 그림시리즈 137~138쪽을 참고).

색의 반사에 관한 이야기가 나왔으니 말인데, 여러분은 두 과학자가 이 문제를 생각하느라 휴가를 다 보냈다는 이야기를 알고 있는지? 그런 바보 같은 과학자들이 어디 있느냐고?

명예의 전당 : 찬드라세카라 반카타 라만(Chandrasekhara Vankata Raman ; 1888~1970) 국적 : 인도

존 스트럿 레일리(John Strutt Rayleigh ; 1824~1919)
국적 : 영국

이 두 사람처럼 판이한 성격을 가진 사람들도 없을 것이다.

라만은 뛰어난 과학자였지만, 인도에는 과학자가 할 일이 얼마 없었기 때문에 그는 젊은 시절에 공무원으로 일해야 했다(그러다가 1917년에 캘커타 대학의 물리학 교수가 되었다). 레일리는 거대한 대저택에 개인 실험실까지 갖추고 있는 큰 부자였으며, 영국의 대학에서 최고의 자리까지 차지하고 있었다. 그들은 각자 독자적으로 빛에 관한 두 가지 수수께끼를 풀

기 위해 애쓰고 있었는데, 우연히도 라만은 훗날 레일리의 아들과 친하게 되었다.

그런데 그 수수께끼란 참으로 유치한 것이었다.

그러나 이 질문은 결코 바보 같은 질문이 아니다. 그리고 곧 알게 되겠지만, 그 답은 엄청나게 복잡하다. 1871년, 레일리는 휴가차 이집트로 여행을 갔다. 지중해를 지나가면서 그는 파란 하늘과 바다의 아름다움에 흠뻑 빠졌다.

그러나 과학자인 레일리는 단지 그것을 즐기기만 하지는

않았다. 그는 과학적 지식을 동원해 그 비밀을 풀어 보려고 했다. 그가 집에 편지를 보냈다면, 아마 이런 내용이 아니었을까?

영국 에식스 주 테링플레이스의
레일러 경에게

부모님전 상서
 저는 아주 멋진 휴가를 보내고 있답니다. 과학책도 실컷 읽었지만, 저처럼 유망한 과학자가 흥미를 가질 만한 매혹적인 장면도 많아요. 예를 들어 파란색 하늘과 바다처럼 말이에요. 그런데 왜 하늘과 바다가 파란색으로 보이는 걸까요? 공기 중의 원자들이 빛을 반사하기 때문이라는 게 제 생각이에요. 다른 색의 빛보다 파란색 빛이 더 많이 산란을 일으켜(왜 그런지는 모르겠지만) 우리 눈에 파란색 빛이 많이 보이는 것이 아닌가 하는 생각이 들어요. 그리고 바다는 하늘의 빛을 반사해서 파란색으로 보이는 거고요.
 참, 깜빡 잊었네요. 항해는 아무 문제 없이 진행되고 있답니다. 그럼 안녕히 계세요.

 아들 존 레일리 올림

엄마, 아빠,
바이바이!!

독자에게 드리는 말

1. 존 레일리의 생각이 옳다. 파란색 광자는 다른 색의 광자보다 더 많은 에너지를 가지고 있어서 원자들과 충돌할 가능성이 더 높다. 그래서 우리가 하늘을 바라볼 때 파란색 광자들을 더 많이 보게 되는 것이다.

2. 그러나 석양의 하늘은 파란색이 아니다. 그것은 왜 그런가? 그런데 이것 역시 레일리의 생각이 옳다는 것을 뒷받침해

준다. 해가 낮게 떠 있을 때에는 햇빛이 공기 중의 온갖 먼지들을 훨씬 많이 통과하면서 우리 눈에 도달한다. 먼지들은 석양의 햇빛이 우리 눈에 도착하기 전에 파란색 광자를 대부분 반사시켜 버린다. 그런다고 누구 신경 쓰는 사람도 없으니까. 우리는 그냥 불그스레한 석양의 노을을 즐길 뿐이다.

자, 다시 원래 이야기로 돌아가자.

1921년, 라만은 영국에서 열리는 과학 학회에 참석하기 위해 배를 타고 가고 있었다. 지루한 나머지 그는 레일리가 밝혀 낸 바다의 색에 관한 사실을 테스트해 보기로 했다. 레일리는 이미 죽고 없었으므로 라만은 그에게 엽서도 보낼 수 없는 형편이었다. 그렇지만 그는 레일리의 아들인 로버트 스트럿 레일리와 친구 사이였으므로, 그에게 편지를 보냈을지도 모른다.

영국 에식스 주 테링플레이스의
로버트 스트럿 레일러에게

안녕, 친구.
 정말 좋은 날씨야. 네 아버지가 밝힌 파란 하늘의 비밀은 옳아. 그러나 하늘 때문에 바다도 파랗다는 추측은 잘못이라고 나는 생각해. 나는 니콜 프리즘으로 바다를 바라보았어. 알다시피, 프리즘의 원자들은 오직 한 방향에서 오는 빛만 통과시키도록 배열돼 있지. 그런데 말이야, 프리즘이 하늘의 빛이 바다에 반사돼 오는 것을 차단하고 있는데도 불구하고, 바다는 여전히 파란빛으로 보이는 거야! 나는 잠시 어리둥절했지만, 곧 그 답을 찾고야 말 거야. 하하하! 또 편지 보낼게.

 너의 영원한 친구 라만으로부터

1922년, 자신의 실험실로 돌아온 라만은 물 속에 빛을 비추는 것을 포함해 일련의 실험을 해 보았다. 그리고 마침내 그 답을 찾아 냈다….

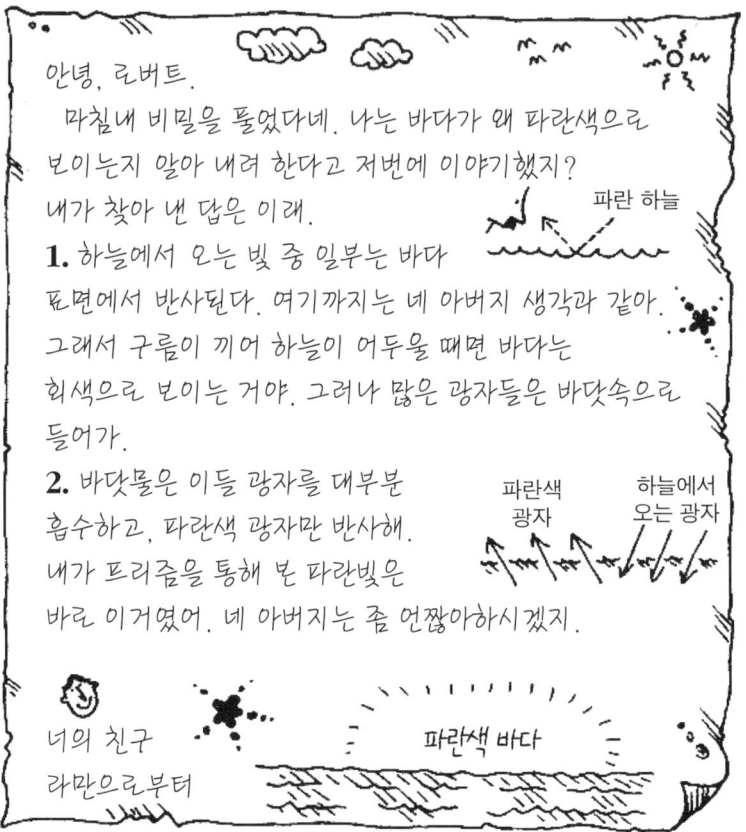

라만은 하늘(그리고 바다)만으로는 성이 차지 않았던 것 같다. 그는 연구를 계속해 화학 물질 속에서 원자들 사이의 결합이 어떻게 원자의 진동에 영향을 미치며, 또 반사되는 광자에게 에너지를 주거나 뺏는지 밝혔다. 그리고 그는 이 연구로 1930년에 노벨상을 받았다.

색의 혼합

각각의 색을 따로 볼 때에는 담백하게 보인다. 그러나 여러 색들을 혼합해 보라. 그것은 우중충하게 보일 것이다.

★ 요건 몰랐을걸!

컬러 사진은 몇 가지 밝은 색들을 섞어서 만들어진다.

1. 최초의 컬러 사진은 스코틀랜드의 물리학자 제임스 클러크 맥스웰(James Clerk Maxwell ; 1831~1879)이 찍었다. 1863년, 그는 아내의 리본을 세 장의 사진으로 찍었다. 하나는 빨간색 필터로, 또 하나는 파란색 필터로, 그리고 나머지 하나는 초록색 필터로 찍었다. 각 필터는 자신의 색을 제외한 나머지 색을 빛 중에서 차단했다. 예를 들면, 초록색 필터에는 물체의 형상 중 초록색 부분만 나타났다. 그는 그 상들을 결합해 컬러 사진을 만들었다.

정말 멋지군요. 이제 그만 리본 돌려 줄래요?

2. 그러나 오늘날의 컬러 필름은 세 가지 화학 물질을 세 층으로 입힌 것을 사용하고 있다. 맨 위층은 파란빛에서 파란색을, 두 번째 층은 같은 방식으로 초록색을, 세 번째 층은 빨간색을 만든다. 이 세 가지 색을 적절히 사용하면서 화학 물질들이 상을 만들어 낸다. 색을 혼합하는 그 나머지 일은 137~138쪽에서 보듯이 우리 뇌의 몫이다.

엉망진창이 된 그림

그러나 사진과 같은 방법을 사용해 그림을 그리려고 한다고 해 보자. 차례대로 파란색, 초록색, 빨간색의 물감을 층층이 조심스럽게 그렸다고 하자. 그러면 시커먼 진흙 같은 색이 뒤범벅돼 나올 것이다.

왜 그런지 이유가 궁금한가? 미술 선생님한테 물어 보라.

선생님의 실력을 테스트해 보자

초록색, 빨간색, 파란색 빛을 섞으면 백색의 빛이 된다. 그러나 초록색, 빨간색, 파란색 물감을 섞으면 검은색이 되고 만다. 왜 그럴까?

색을 분간하는 시각

어떤 색들을 혼합하든 간에, 그것을 보기 위해서는 두 눈이 필요하다. 이 점에서 우리 사람과 새들 그리고 유인원은 운이 좋다. 세상의 모습을 생동감 넘치는 컬러로 볼 수 있으니까. 오징어는 검은색과 흰색밖에 보지 못하고, 고양이는 초록색과 파란색만 볼 수 있고, 빨간색은 보지 못한다(과학자들은 왜 그런지 확실히 알지 못하지만, 어쨌든 고양이가 쥐를 죽일 때 고양이 눈에는 피가 초록색으로 보인다고 한다).

우리는 어떻게 색을 보는가?

1. 고양이와는 달리, 우리의 망막에는 세 종류의 원추 세포가 있다. 각각의 원추 세포는 초록색, 파란색, 빨간색 빛에 반응한다. 여러분이 보는 모든 색은 이 세 가지 색 중에서 최소한 두 가지 이상이 혼합돼 만들어진다(빛의 혼합에 대해 더 자세한 것은 129쪽을 보라).

2. 우리의 놀라운 눈은 최고 1000만 가지의 색을 구분할 수 있다. 단 세 가지 기본 색만 가지고 이러한 일을 할 수 있다니 정말 놀라지 않을 수 없다. 그렇다면 어디 한번 이 놀라운 능력을 시험해 볼까?

직접 해 보는 실험 : 우리는 어떻게 색을 볼까?

준비물: 검은색 종이, 가로, 세로 3 cm 정도의 노란색 종이, 두 눈이 다 달려 있는 여러분의 머리

실험 방법:

1. 노란색 종이를 검은색 종이 위에 올려놓고, 30초 동안 머리도 움직이지 말고, 눈도 깜박이지 말고 그것을 응시한다.
2. 노란색 사각형 주위에 파란색 사각형이 나타나는 것이 보일 것이다.

도대체 그것은 어디서 나온 것일까?

a) 파란색 신호를 발사하는 세포들은 행동을 개시하는 데 시간이 걸린다. 그렇지만 이 실험에서는 이 세포들이 검은색 종이 속에 들어 있는 파란색을 감지했다.

b) 노란색 종이가 여러분의 파란색 원추 세포를 너무 심하게 자극해 과민 상태에 빠지게 했다. 그래서 지금 파란색이 보이는 것이다.

c) 여러분에게 노란색을 보이게 하는 초록색 원추 세포와 빨간색 원추 세포가 피로해졌지만, 파란색 원추 세포들은 여전히 신호를 쏘아 대고 있기 때문이다.

답: c) 야시경의 녹색 초점시 원형 빨간색 혹은 세포가 시야를 쏘아 대고 있다. 파란색(바나나가 아니라), 눈은 시간이 지나면 초록색 원추 세포가 피로해진다. 세포들은 잠시 쉬고 대신에 반응을 시작한다. 여러분이 파란색으로 보이는 것은 지친 빨간색과 초록색 원추 세포들 때문이다. 그리고 나서 시간이 좀 지나면 정상으로 돌아가 사물을 볼 수 있다.

눈알 대 눈알

경고: 징그러운 사실들이 소개될 것임(이것을 읽은 다음, 먹은

것이 올라오는 일이 없기만을 바람).

아이작 뉴턴은 우리가 눈알의 모양을 변화시킴으로써 색을 본다고 생각했다. 그렇게 하면 백색광이 여러 가지 색의 빛들로 굴절되어 망막에 도달한다고 그는 생각했다.

이 생각을 검증하기 위해 뉴턴은 이쑤시개 같은 걸로 자기 눈알을 찔러 보았다. 그 이쑤시개에는 수백만 마리의 병균과 상한 음식 찌꺼기가 들러붙어 있었을 텐데…. 욱!

뉴턴은 이쑤시개로 눈알을 누르면서 그 모양을 변화시켜 보았다. 그는 약간의 빛이 나타나는 것을 보았지만, 자신의 가설을 증명할 만한 것은 볼 수 없었다.

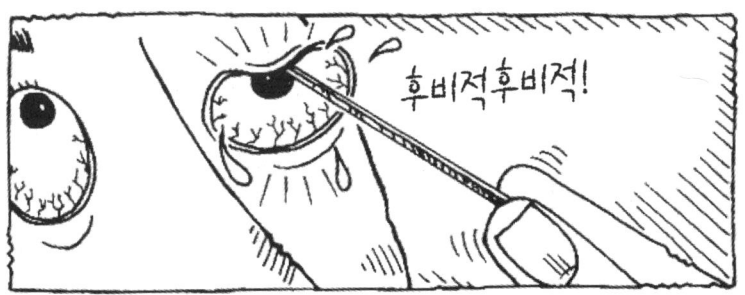

이쑤시개에 붙어 있던 세균들이 그의 눈알을 감염시켰다. 얼마나 아팠던지 뉴턴은 2주일 동안이나 병상에 누워 있어야 했다. 이 실험은 천재 과학자도 아주 어리석은 짓을 한다는 것을 증명해 주었다.

 **무시무시한 건강 경고!**

그러니까 집에서 이런 실험을 하려고 흉내내지 말 것! 과학적으로도 아무런 가치가 없는 것이니까. 눈에 세균이 감염되거나 눈알이 눈구멍에서 빠져 나가는 걸 원하진 않겠지? 그래도 괜찮다고?

더 못 말리는 과학자들

뉴턴 이후에도 여러 과학자들이 우리의 눈이 색을 어떻게 구별하는지 연구를 계속했다. 영국의 화학자 존 돌턴(John Dalton ; 1766~1844)도 그 중 한 사람이었다. 돌턴은 원자가 실제로 존재한다고 주장해 근대적인 원자설을 제창한 사람으로 유명하다. 그러나 돌턴은 개인적으로는 아무 재미도 없고 무미건조한 사람이었다.

한 동료 과학자는 이렇게 말했다.

오늘날 여러분은 그것을 '지겹다'고 표현할 것이다. 지겨운 인물인 돌턴은 꽃을 연구하길 좋아했다. 불행하게도, 돌턴은 자신이 빨간색을 제대로 보지 못한다는 사실을 발견했다.

돌턴은 적록 색맹이었던 것이다. 적록 색맹은 25명에 한 명 꼴로 나타나는 시각적인 결함인데, 돌턴은 이것을 주제로 지겨운 강의를 하는 것을 즐겼다. 돌턴은 눈알에 파란색 액체가 축적되어 색맹이 나타난다고 설명했다. 그 파란색 액체가 빨간색을 흡수해 버리기 때문이라는 것이다.

그는 자기가 죽은 뒤에 눈알을 뽑아 그 파란색 액체를 조사해 달라고 유언을 남겼다.

한편, 저 앞에서 등장했던 우리의 토머스 영은 색맹 환자들을 치료하고 있었다. 이 연구에서 얻은 결과로 그는 망막에는 빨간색, 파란색, 보라색을 감지하는 부분이 따로 있다고 믿었다. 돌턴은 빨간색 부분에 문제가 있었던 것이다.

불행하게도, 영은 돌턴의 눈알이 뽑히기 전에 죽는 바람에 그 결과를 알지 못했다. 사실, 돌턴의 눈알에 들어 있던 그 액체는 아주 투명하고 깨끗한 것으로 밝혀졌다. 만약 돌턴이 살아 있었더라면, 죽고 싶을 정도로 실망했을 텐데!

수수께끼가 풀리다

그 수수께끼는 또 한 사람의 유명한 과학자 맥스웰이 풀었다. 그는 초록색, 빨간색, 파란색 부분으로 나뉘어 있는 원반을 돌렸다. 그 색들은 합쳐져 흰색으로 보였다. 빨간색을 보지 못하는 사람들은 파란색과 초록색 부분만 있는 원반을 돌릴 때, 그것이 흰색으로 보였다. 여기서 다음과 같은 사실들이 증명되었다….

1. 우리 눈 속의 원추 세포들은 초록색, 파란색, 빨간색 빛을 볼 수 있다.

2. 이 세 가지 색을 가지고 우리의 눈은 나머지 모든 색을 만들 수 있다(흰색은 모든 색들을 혼합한 것이다).

3. 색맹인 사람들의 경우, 한 가지 원추 세포가 없거나 그것이 제대로 작용하지 못한다.

★ 요건 몰랐을걸!

여러분의 시력이 정상이라면 여러분은 수많은 색이 펼쳐지는 레이저 쇼를 즐길 수 있다. 여러 가지 화학 물질들을 사용해 과학자들은 레이저 빛의 색을 변화시킬 수 있다. 예를 들면, 루비 원자는 빨간색 빛을 만들어 낸다. 그러나 레이저 광선을 정면으로 바라보다간 그 아름다운 색상의 쇼를 즐기지 못할 것이다. 레이저 광선은 너무나도 밝아서 여러분의 눈을 멀게 하거나 눈알을 보글보글 끓어 오르게 할지도 모른다.

그래도 레이저를 가까이에서 보고 싶다고? 그런 용기가 있다면 다음 장을 넘기도록!

뜨끈뜨끈한 레이저

곧 알게 되겠지만, 레이저는 오늘날 우리의 생활에서 중요한 부분을 차지하고 있고, 우리의 미래의 삶도 훨씬 밝게 만들어 줄 것이다. 다른 모든 위대한 발명과 마찬가지로, 레이저도 순간적인 영감에서 탄생했다.

섬광처럼 스쳐 간 영감

1951년, 미국 과학자 찰스 타운스(Charles H. Townes)는 워싱턴에서 열린 과학 학회에 참석했다.

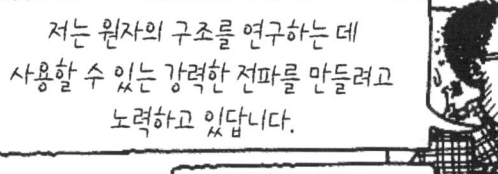

그 날 밤, 타운스는 잠을 잘 수 없었다. 머릿속이 온통 그 문제에 관한 생각으로 꽉 차 있었기 때문이다. 다음 날, 아직 먼동이 트기도 전에 타운스는 산책을 나갔다가 공원 벤치에 앉게 되었다. 그는 영감이 떠오르길 기다리고 있었다.

그러다가 어느 순간, 그는 그 답을 발견했다. 타운스는 자신의 아이디어를 낡은 편지 봉투 뒷면에다 적었다. 원자들의 진동 속도를 조절하고, 빛이 빠져 나가는 것을 막을 수만 있다면, 강한 광선을 만들 수 있을 것이다. 전파는 광자에 의해 만들어지므로, 전파를 가지고도 같은 일을 할 수 있을 것이다.

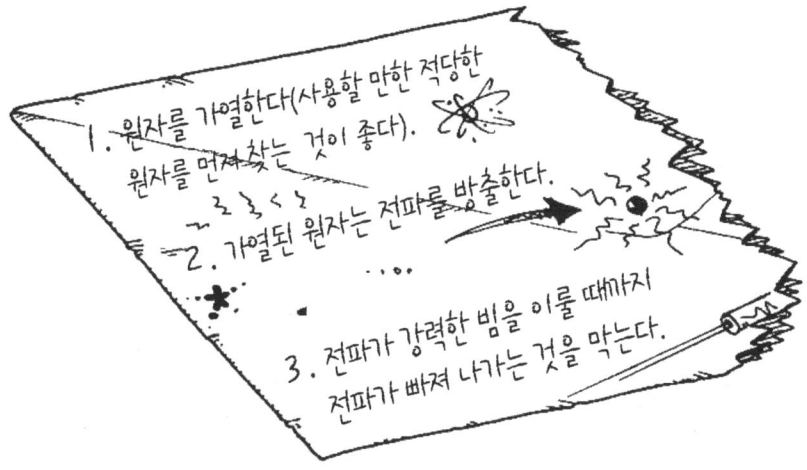

훗날 타운스는 자신이 앉아 있던 그 장소가 유명한 발명가 알렉산더 그레이엄 벨(Alexander Graham Bell)이 살던 집 건너편이라는 사실을 알게 되었다. 타운스는 그 발명가의 영혼이 자기에게 도움을 주지 않았나 하는 생각이 들었다.

그 후에 타운스는 전파 대신에 빛을 사용할 수도 있다는 사실을 깨달았다. 1958년 무렵에 처남인 아서 숄로(Arthur Schawlow)와 함께 일하면서 타운스는 어떻게 하면 레이저가 작동할 수 있는지 생각해 냈다. 그렇지만 레이저의 용도에 대해서는 아무 생각도 없었다. 그는 훗날 이렇게 말했다.

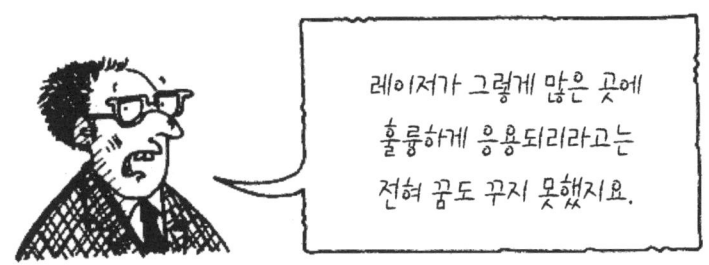

그 당시의 과학자들은 레이저를 그저 흥미로운 기술적 도전 과제로 여겼을 뿐이었다.

1960년, 미국의 시어도어 메이먼(Theodore Maiman)은 타운스의 설계를 사용하여 세계 최초로 제대로 된 레이저를 만드는 데 성공했다.

1964년에 타운스는 레이저에 대한 연구로 노벨상을 받았다. 독자적인 연구를 통해 레이저를 개발한 러시아의 니콜라이 바소프(Nikolai Basov)와 알렉산데르 프로호로프(Alexander Prokhorov)도 노벨상을 공동 수상했다.

※ **참고 사항**: 레이저에 대한 아이디어와 심지어는 그 이름까지 먼저 생각한 사람이 있었다. 미국의 고든 굴드(Gordon Gould)가 이미 1957년에 그러한 생각을 했던 것. 불행하게도, 굴드는 자신의 아이디어를 발표하지 않았고, 제때에 특허를 신청하지 않는 바람에 영광을 놓치고 말았다.

레이저 방어 체계

레이저는 용도가 아주 많다. 미국 군부는 적의 미사일을 요격하는 레이저 방어 체계를 개발했다. 환상적으로 들리지? 자, 그러면 레이저 무기로 여러분의 학교를 적의 침입으로부터 방어하는 방법을 알아보자.

 무시무시한 건강 경고!

1. 레이저는 사람의 살을 녹일 수 있다. 그러니 선생님이나 그 밖의 방어 능력이 전혀 없는 동물에게 레이저 광선을 겨누지 마라.
2. 이 레이저 무기는 파괴력이 아주 강하다. 레이저 무기를 오로지 여러분의 학교를 보호하는 데에만 사용하겠다고 약속하는 사람만 이 부분을 읽기 바란다. 월요일 과학 수업이 시작되기 전에 학교 건물을 날리고 싶은 생각이 있는 사람은 절대로 읽어서는 안 된다!

레이저 방어 체계를 구축하는 방법

일급 비밀 사항 : 선생님의 손이 닿지 않는 곳에 둘 것.

1단계 — 필요한 재료를 확보한다.

레이저 방어 체계를 만들기 위해서는 다음과 같은 것이 필요하다.

- 전력 공급 장치
- 거울이 죽 붙어 있는 상자. 한쪽 끝에는 레이저가 지나갈 수 있도록 일부만 은을 입힌 거울을 사용하라.
- 광자를 만들어 낼 수 있는 장치(루비 덩어리면 좋다)
- 물 한 통

그리고 이것도 필요하다.

- 초고속 제트기. 물론 조종사와 고감도 열 추적 장치를 제어하는 컴퓨터도 실려 있어야 한다(학교 근처에 있는 공군 기지에 가서 빌려 달라고 해 보라).

2단계—레이저를 만든다.

1. 루비를 상자 속에 넣고, 전력 공급 장치에 연결시킨다.

2. 이것이야말로 여러분이 기다리던 것이다! 스위치를 올리고, 전력 공급 장치를 작동시켜라.

3. 전력을 공급하면 루비 원자들이 격렬하게 진동하면서 붉은 빛의 광자들이 나온다. 이 광자들은 더 많은 원자들과 충돌하여 원자들을 진동시키게 되고, 그러면 더 많은 광자들이 나온다.

4. 점점 더 많은 광자들이 상자 속에서 거울에 반사되며 왔다 갔다한다. 그러다가 마침내 빛이 아주 밝아져서 광자들이 눈부신 광선이 되어 거울을 빠져 나간다.

5. 이 모든 과정은 루비를 매우 뜨겁게 만든다. 만약 여러분의 기계가 과열된 것 같으면, 그 위에 물을 끼얹어라(일부 레이저 장치에는 수냉식 냉각 장치가 내장돼 있다).

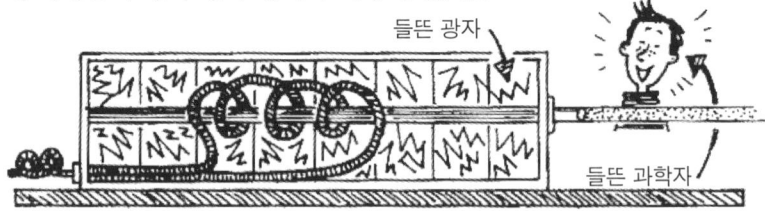

3단계—미사일을 격추시키는 방법

1. 정찰기를 공중에 띄우고, 미사일이 날아오는지 유심히 살핀다. 열 추적 장치를 사용해 미사일 꼬리 부분에서 나오는 열을 추적할 수도 있다.

2. 미사일을 발견하거든, 레이저로 미사일의 연료 탱크를 겨냥하라. 몇 초 동안 레이저 광선을 한 곳에 집중시키면 레이저의 열이 미사일의 옆부분을 녹이고 연료에 불을 붙일 것이다. 적 미사일은 공중에서 폭발하고, 여러분은 학교를 구출했다!

레이저의 수많은 용도

물론 레이저는 단지 적 미사일을 격추시키는 일만 할 수 있는 것이 아니다. 레이저는 많은 분야에서 사용되고 있다.

1. 레이저 광선은 절단기로 사용된다! 공장에서는 레이저를 사용해 직물을 초당 15m나 절단할 수 있다.

2. 레이저 광선은 상품의 바코드를 읽는 데 사용된다. 이 책의 뒤표지를 보라. 흰 바탕의 사각형 안에 줄무늬들이 늘어서 있는 것이 보이지? 그것은 『번들번들 빛나리』에 부여된 고유 부호이다. 서점에서 점원이 스캐너로 이 줄무늬 부분을 훑는 것을 보았을 것이다. 스캐너에서 나오는 레이저 광선이 줄무늬 부분에 닿으면 깜박거리게 되고, 그 깜박거리는 광선을 컴퓨터가 감지하여 깜박임의 형태로부터 이 책의 부호를 인식한다.

3. 레이저는 인명을 구하기도 한다. 레이저 광선은 살을 찢고 들어가 제거해야 할 부분을 태워 없애고, 상처 부위를 열로써 봉합하기 때문에 피도 나지 않게 한다. 내시경을 통해 레이저를 쏘아 보냄으로써 신체 깊숙한 곳에서 생명을 구하는 수술도 할 수 있다. 또, 레이저를 사용해 눈알 안쪽에서 떨어져 나간 망막을 제자리에 다시 고정시키는 수술을 할 수도 있다.

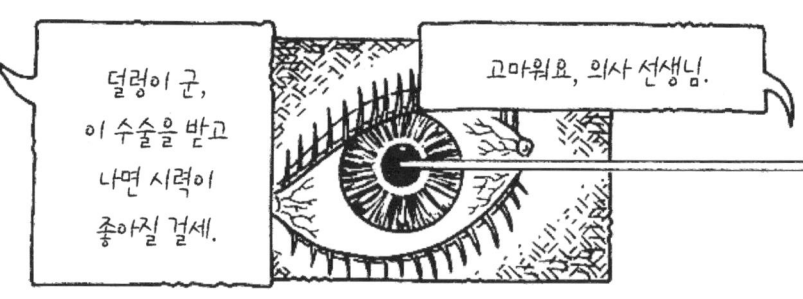

4. 레이저 광선은 CD 표면에 나 있는 홈들에 반사될 때 생기는 깜박임으로 CD를 읽을 수 있다. CD 플레이어는 이 깜박이는 빛 신호를 전기 펄스로 바꾸고, 그것은 다시 여러분이 좋아하는 음악으로 바뀐다.

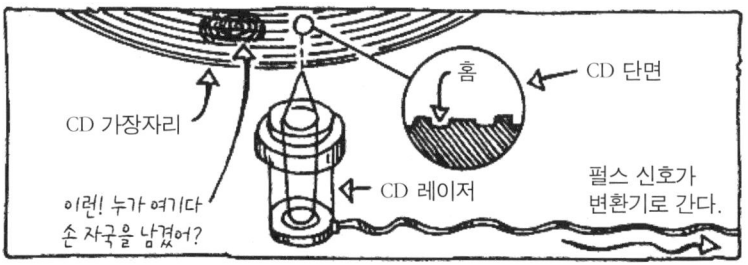

5. 레이저 광선은 직선으로 나아가기 때문에 터널을 똑바로 뚫는 데에도 이용할 수 있다. 터널 입구에서 레이저 광선을 쏜 다음, 그 광선이 나아가는 방향을 따라 계속 파 나가기만 하면 된다.

6. 레이저 광선은 금속을 녹이고 용접할 수 있다. 게다가, 다

르 도구와는 달리 레이저 광선은 아무리 사용해도 날이 무뎌지는 법이 없다.

7. 레이저 광선은 콘서트를 생동감 넘치게 만든다. 레이저를 공중에다 대고 쏘면서 이리저리 흔들며 환상적인 빛의 쇼를 보여 주는 것이다. 음악이야 쓰레기 같은들 어떠랴?

8. 레이저는 미소한 지진도 측정할 수 있다. 캘리포니아의 샌 앤드레이어스 단층에는 설치된 감시 장비에 연결된 레이저 장비가 설치되어 있다. 땅이 흔들리면 레이저 광선이 진동하고, 그것이 즉시 탐지되는 것이다.

9. 레이저 프린터는 프린트하고자 하는 페이지의 상을 빛에 민감한 드럼에 발사함으로써 작동한다. 이 드럼에는 전기가 흐르고 있어서 토너(현상 약품인 검은색 가루)를 전기적 힘으로 끌어당겨 묻힌 다음, 종이에다 그것을 프린트한다. 레이저 프린터는 속도가 아주 빠르다.

그러나 이상의 것들은 시작에 불과하다. 레이저의 용도는 앞으로도 무궁무진할 것으로 기대되고 있다.

★ **요건 몰랐을걸!**
레이저를 사용해 홀로그램(레이저 입체 영상)을 만들 수 있다. 다음과 같이 하기만 하면 된다.

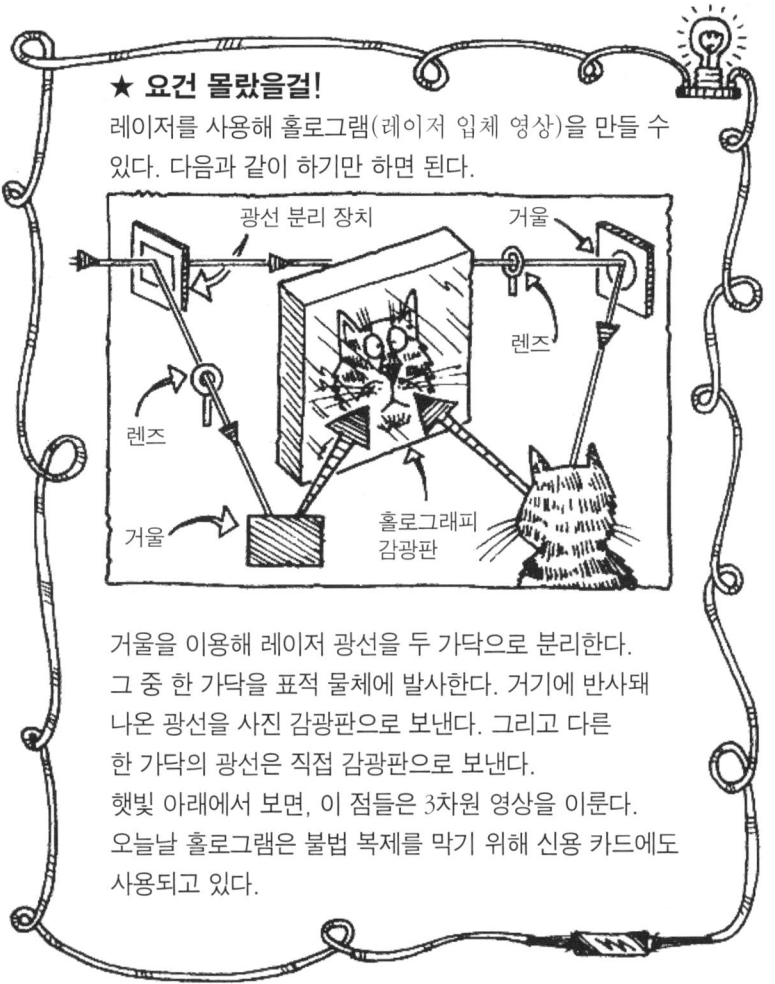

거울을 이용해 레이저 광선을 두 가닥으로 분리한다. 그 중 한 가닥을 표적 물체에 발사한다. 거기에 반사돼 나온 광선을 사진 감광판으로 보낸다. 그리고 다른 한 가닥의 광선은 직접 감광판으로 보낸다.
햇빛 아래에서 보면, 이 점들은 3차원 영상을 이룬다. 오늘날 홀로그램은 불법 복제를 막기 위해 신용 카드에도 사용되고 있다.

아주 빠른 신호

빛이 아주아주 빠르다는 사실은 기억하고 있겠지? 그런데 레이저도 빛이다.

● 레이저 신호는 0.14초 만에 지구를 한 바퀴 돌 수 있다.

● 레이저 광선은 2.5초 만에 달까지 갔다가 돌아올 수 있다 (1960년대에 미국 과학자들이 실제로 그러한 실험을 했다. 신호가 왕복하는 시간을 측정함으로써 그들은 달까지의 거리를 정확하게 알 수 있었다).

● 레이저 신호는 화성까지 3분 만에 갈 수 있다(화성인이 응답을 보내는 데에는 또다시 3분이 걸리겠지).

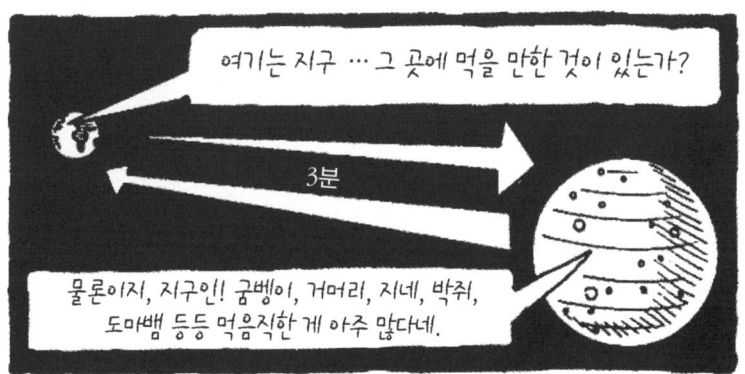

레이저 신호는 단지 외계인과 대화를 나누는 데에만 사용할 수 있는 것은 아니다. 친구들과 대화를 나누는 데에도 사용할 수 있다. 여러분이 전화를 걸 때마다 이미 그렇게 하고 있다.

레이저를 소리로 듣다

CD에서 레이저 빛을 소리로 바꾸는 기술을 거꾸로 이용하는 기술도 개발되었다. 광섬유 케이블에 연결된 전화에다 대고 말을 할 때가 바로 그런 경우이다.

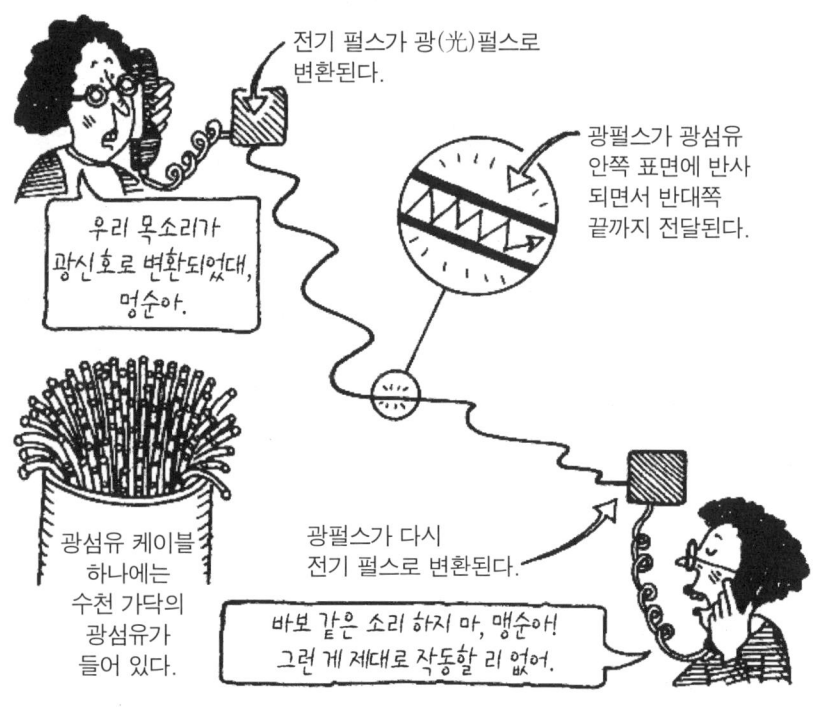

마이크로폰은 여러분의 목소리를 전기 펄스로 변환시키고, 그것은 다시 레이저광 신호로 변환된다. 그리고 이 신호가 광섬유 케이블을 타고 달려간다.

케이블의 반대쪽에서는 이 과정이 거꾸로 진행되어 귀를 통해 상대방의 목소리를 들을 수 있다.

빛은 아주 빠른 속도로 달리고, 레이저는 1초에 수십억 번이나 깜박일 수 있기 때문에, 광섬유는 눈깜짝할 사이에 말소리를 상대방에게 전달할 수 있다. 게다가, 단 하나의 케이블에 수천 가닥의 광섬유를 쑤셔 넣을 수 있다.

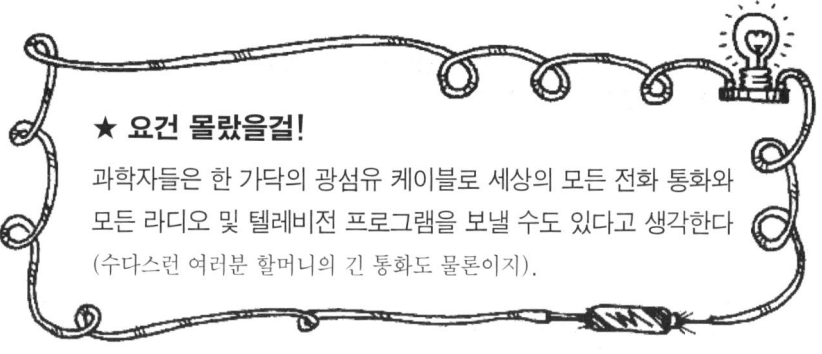

★ 요건 몰랐을걸!
과학자들은 한 가닥의 광섬유 케이블로 세상의 모든 전화 통화와 모든 라디오 및 텔레비전 프로그램을 보낼 수도 있다고 생각한다 (수다스런 여러분 할머니의 긴 통화도 물론이지).

그렇지만 광섬유의 이 놀라운 능력도 미래에 발달할 기술과 비교하면 아무것도 아니다. 그렇지만 미래는 장밋빛 희망으로 빛나고 있을까, 아니면 두려움과 어둠으로 가득 차 있을까? 수정 구슬을 한번 들여다볼까….

더 밝은 미래?

여러분의 손전등을 빼고는 지구상에 아무 빛도 없다고 상상해 보자. 어둠 속을 더듬고 다니던 사람들은 여러분의 손전등에서 나오는 놀라운 빛에 감탄할 것이다. 그들은 그 불빛의 아름다움에 감동하고, 어둠을 색과 그림자로 바꾸는 그 능력에 탄복할 것이다.

그러나 빛은 우리 주위 어디에나 있다. 우리는 매일 빛을 보기 때문에 빛에 대해 깊이 생각하지 않는다. 그것은 정말 유감이다.

빛은 믿기 힘들 정도로 경이롭고 환상적인 존재이다. 빛의 과학은 처음에는 무서워 보이지만, 알면 알수록 더욱 매력적이다. 보잘것 없는 전구에서도 광자가 만들어지고, 바로 그것과 같은 놀라운 에너지 입자들이 낮에 세상을 환하게 밝히고, 우리의 눈에 도달하기까지 수백만 년 이상 우주 공간을 달려 온 광자들 때문에 별이 빛난다는 사실 등은 믿기 어려울 정도이다.

수선화에 그 아름다운 색을 입히고, 형형색색의 레이저 광선을 만들어 내는 것도 광자이다. 거울을 들여다볼 때, 매초마다 수십억 개의 광자들이 거울에 반사되면서 빛으로 이루어진 상을 만들어 내기 때문에 거울에 비친 자기 모습을 볼 수 있다는 사실도 경이롭다.

그런데 최근에 물리학자들이 이룬 발견들은 그보다 더욱 놀랍고 신기한 것이다. 그것들은 우리의 미래를 전혀 예상치 못한 방식으로 환히 밝혀 줄 것이다. 예를 들면….

1. 작은 것이 아름답다

오늘날에는 바늘 귀보다 수천 배나 더 가느다란 광섬유 케이블을 만들 수 있다. 아주 미세한 레이저 역시 가능하다. 1989년, IBM 사는 두께가 머리카락의 1/10밖에 안 되는 레이저를 만들었다. 잘 포개 넣기만 하면 이만한 상자에 그 레이저 광선을 100만 가닥은 집어넣을 수 있다.

그 레이저는 미소한 결정으로 만들어 냈는데, 이 기술은 마이크로홀로그램과 정교한 수술을 위한 초소형 의료 기구를 탄

생시킬 것이다. 레이저를 사용하는 어떤 기계라도 초소형으로 만드는 것이 사실상 가능해진다.

2. 창조적인 화학

미국과 독일의 과학자들은 레이저를 이용해 화학 반응을 촉진시키는 방법을 개발하고 있다. 전에는 학교 실험실에서 볼 수 있는 볼품없는 분젠 버너로 화학 물질들을 가열했다.

그러나 정확한 길이를 가진 레이저 펄스를 사용해 화학 물질을 더 작은 원자 집단들로 분리함으로써 완전히 새로운 물질을 만들 수 있다. 이 기술은 화학 반응을 사용하는 모든 산업에 혁명을 가져올 것이다.

3. 빛을 저장하는 법

과학자들은 빛을 저장하는 방법을 개발하고 있다. 알다시피, 빛은 가만 있지 않고 항상 움직인다. 그러나 1998년, 암스테르담 대학의 과학자들은 가루로 만든 결정들 내부에 적외선을 가두는 데 성공했다. 정상적으로는 원자들은 빛을 흡수하거나 반사한다. 그러나 가루로 만든 결정들은 작은 공간들로 이루어진 미로를 형성한다. 광자들은 미로에 갇힌 짐승들처럼 원형으로 돌고 돌지만, 결코 그 미로에서 빠져 나오지 못한다. 정말 놀랍지?

4. 궁극적인 꿈의 기계

이러한 새로운 기술의 발전은 궁극적으로 컴퓨터의 개발로 이어질 수 있다. 정보를 보내는 데 광자를 사용하여 빛의 속도로 수십억 번 연산을 할 수 있는 컴퓨터 말이다. 과학자들은 이미 그러한 컴퓨터를 꿈꾸고 있다. 오늘날의 보통 컴퓨터보다 수백 배나 더 강력한 성능을 자랑하는 그런 컴퓨터를…. 그러한 컴퓨터만 있다면, 아무리 많은 숙제라도 단 1초 만에 끝낼 수 있을 텐데…. 그렇게만 된다면, 여러분을 위해서는 정말 좋은 발전이다!

빛은 우주에서 가장 빨리 달린다. 그러나 과학이 그것을 따라잡기 시작했다. 미래는 아주 밝아 보인다. 이것이야말로 가장 찬란한 진리이다!

앗, 시리즈 (전 70권)

수많은 교사와 학생들이 한눈에 반한 책.

전 세계 2천만 독자의 인기를 독차지한 〈앗, 시리즈〉는 수학에서부터 과학, 사회, 역사까지, 공부와 재미를 둘 다 잡은 똑똑한 학습교양서입니다.

수학
- 01 수학이 모두 모여 수군수군
- 02 수학이 수리수리 마술이
- 03 수학이 수군수군
- 04 수학이 또 수군수군
- 05 수학이 자꾸 수군수군 1. 셈
- 06 수학이 자꾸 수군수군 2. 분수
- 07 수학이 자꾸 수군수군 3. 확률
- 08 수학이 자꾸 수군수군 4. 측정
- 09 대수와 방정맞은 방정식
- 10 도형이 도리도리
- 11 섬뜩섬뜩 삼각법
- 12 이상야릇 수의 세계
- 13 수학 공식이 꼬물꼬물
- 14 수학이 꿈틀꿈틀

과학
- 15 물리가 물렁물렁
- 16 화학이 화끈화끈
- 17 우주가 우왕좌왕
- 18 구석구석 인체 탐험
- 19 식물이 시끌시끌
- 20 벌레가 벌렁벌렁
- 21 동물이 뒹굴뒹굴
- 22 화산이 왈칵왈칵
- 23 소리가 속삭속삭
- 24 진화가 진짜진짜
- 25 꼬르륵 뱃속여행
- 26 두뇌가 뒤죽박죽
- 27 번들번들 빛나리
- 28 전기가 찌릿찌릿
- 29 과학자는 괴로워?
- 30 공룡이 용용 죽겠지
- 31 질병이 지끈지끈
- 32 지진이 우르쾅쾅
- 33 오싹오싹 무서운 독
- 34 에너지가 불끈불끈
- 35 태양계가 티격태격
- 36 튼튼탄탄 내 몸 관리
- 37 똑딱똑딱 시간 여행
- 38 미생물이 미끌미끌
- 39 의학이 으악으악
- 40 노발대발 야생동물
- 41 뜨끈뜨끈 지구 온난화
- 42 생각번뜩 아인슈타인
- 43 과학 천재 아이작 뉴턴
- 44 소름 돋는 과학 퀴즈

사회·역사
- 45 바다가 바글바글
- 46 강물이 꾸물꾸물
- 47 폭풍이 푸하푸하
- 48 사막이 바싹바싹
- 49 높은 산이 아찔아찔
- 50 호수가 넘실넘실
- 51 오들오들 남극북극
- 52 우글우글 열대우림
- 53 올록볼록 올림픽
- 54 와글와글 월드컵
- 55 파고 파헤치는 고고학
- 56 이왕이면 이집트
- 57 그럴싸한 그리스
- 58 모든 길은 로마로
- 59 아슬아슬 아스텍
- 60 잉카가 이크이크
- 61 들썩들썩 석기 시대
- 62 어두컴컴 중세 시대
- 63 쿵쿵쾅쾅 제1차 세계 대전
- 64 쾅쾅탕탕 제2차 세계 대전
- 65 야심만만 알렉산더
- 66 위풍당당 엘리자베스 1세
- 67 위엄가득 빅토리아 여왕
- 68 비밀의 왕 투탕카멘
- 69 최강 여왕 클레오파트라
- 70 만능 천재 레오나르도 다 빈치